꼬리에 꼬리를 무는

한국사 韓國史
인물
이야기

• 일러두기
'5장 근·현대 시대' 중, 양력·음력 병기는 여러 역사 자료에서 양력과 음력이
혼재돼 있는 사건이기에, 독자의 편의를 위해 병기했음을 알려드립니다.

십 대를 위한 쉽게 읽는 한국사

꼬리에 꼬리를 무는
한국사
인물
이야기

김상훈 지음

팀

머리말

—

얼마 전 국사(國史)를 대학수학능력시험의 과목에 넣느냐 마느냐를 놓고 논란이 많았습니다. 찬성하는 쪽이나 반대하는 쪽 모두 나름대로의 논리를 가지고 있었습니다. 논란 끝에 일단은 2017년도부터 입시에 포함하는 쪽으로 가닥을 잡은 듯 합니다.

논란을 지켜보면서 의아한 생각이 들었습니다. 우리나라의 역사를 공부하자는 데 무슨 절차가 그리도 번거로울까 하는 생각이었습니다. 영어 단어는 그리 열심히 외면서 우리의 뿌리를 공부하자는 걸 반대한다는 것도 이해도 가지 않았습니다.

TV에 나온 아이돌 스타가 윤봉길 의사와 안중근 의사를 잘 구분하지 못한다는 소식도 들려왔습니다. 친구를 집단 따돌림 하는 것을 두고 '민주화 한다'고 말한다는 어처구니없는 해프닝도 있었죠.

2002년 중국 정부는 동북공정 프로젝트를 시작했습니다. 고구려와 발해 등 우리 민족의 역사를 중국의 역사에 포함시키기 위한 음모입니다. 일본은 지금도 독도를 다케시마라며 자기들 땅이라고 우깁니다.

수양대군과 김종서가 등장하는 어떤 영화에서는 수양대군이 왕이 되고 김종서가 결국 죽는 것이 스포일러라고 SNS에서 설왕설래하는 일도 있습니다. 국사책이 영화 스포일러가 되는 것이 한국 역사 교육의 현실입니다.

우리 역사를 모르는 아이들이 어른이 됐을 때 이런 사태에 대처할 수 있을까요? 왜 고구려가 우리 민족의 역사인지, 왜 독도는 다케시마가 될 수 없는지 조목조목 따질 수 있을까요? 어쩌면 그렇지 못할 수도 있습니다. 역사는 바로 이런 점 때문에 어렸을 때부터 공부해야 하는 필수 과목인 겁니다.

하지만 국사 공부만큼 아이들이 어려워하는 과목도 없습니다. 학생들은 역사 속에 등장하는 수많은 사건과 인물을 모두 기억하지 못합니다. 이 사람이 저 사람인지, 이 사건이 저 사건인지 구분하는 것도 고역입니다.

설령 사건과 인물을 기억했다고 해도 그 사건과 인물이 어떤 관계가 있는지 분석해내는 것도 쉽지 않습니다. 이처럼 넘어야 할 산이 한둘이 아니니 무턱대고 외우는 학생들도 있습니다. 옳은 방법은 아닙니다. 분명 암기해야 할 부분이 있지만 본질적으로 역사는 맥락을 먼저 이해해야 하는 과목이기 때문입니다.

학생들이 국사 공부를 어떻게 하면 쉽게 할 수 있을까 고민하다 이 책을 집필하게 됐습니다. 역사를 발전시킨 선조들에 주목했습니다. 우리 역사는 끊임없이 발전했고, 지금도 발전하고 있기에, 그 주역들의 뒤를 따라가 봤습니다. 그랬더니 마치 꼬리에 꼬리를 무는 것처럼 위인들의 역사가 이어졌습니다.

역사 교과서에 등장하는 거의 모든 위인들을 다루려고 노력했습니다. 이 책을 읽고 나면 우리나라 역사의 기본 얼개는 만들어질 것이라 확신합니다.

2013년 가을 김상훈

목차

5장

**근·현대
시대**

꼬리에 꼬리를 무는

한국사 韓國史
인물
이야기

1장

고대 시대
(고조선과 삼국 시대)

단군, 첫 국가 세우다

기원전 2333년 단군이 평양성에서 고조선을 세웠어. 그는 1천5백 년 간 고조선을 통치했고, 1908세에 산신이 됐단다. 『삼국유사』에 실린 이 내용을 믿어야 할까? 사람이 1천5백 년간 생존할 수 있어? 물론 불가능 하지. 이 수수께끼를 풀려면 신화 내용을 더 봐야 돼.

환웅은 하늘의 신 환인의 아들이야. 널리 인간을 이롭게 한다는 홍익 인간(弘益人間)의 이념을 내걸고 태백산으로 내려와 인간세계를 통치하 기 시작했어.

어느 날 인간이 되고 싶은 곰과 호랑이가 환웅을 찾아왔어. 환웅은 쑥 과 마늘을 주며 캄캄한 굴 안에서 100일간 참고 견디면 인간이 될 거라 고 했지. 이 테스트를 곰만 통과했어. 곰은 웅녀라는 여인이 됐단다. 웅 녀는 환웅과의 사이에 아들을 낳았는데, 그가 단군이야.

신화의 내용을 역사에 가깝게 해석해볼까? 환웅은 하늘에서 내려 왔어. 천부인(天符印), 즉 청동으로 된 검과 거울, 방울을 갖고 있었어. 바 람과 비, 구름을 관리하는 풍백, 우사, 운사를 거느렸어. 선, 악, 질병, 곡 식, 수명 등 인간세상에서 벌어지는 모든 일을 관장했지.

이게 무슨 뜻일까? 고조선을 건국한 시기가 청동기 시대라는 이야기야. 또한 환웅이 외부에서 온 강한 민족이란 이야기도 담고 있어. 웅녀는 토착 부족을 상징해. 환웅과 웅녀의 결혼은 두 민족이 하나로 합쳐졌다는 뜻일 거야. 곰만 인간이 됐지? 곰을 숭배하는 강한 부족이 호랑이를 숭배하는 약한 부족을 제압했다는 뜻이 아닐까?

단군이 1천5백여 년을 통치했다는 것은 어떻게 해석해야 할까? 어렵지 않아. 단군이 한 명이 아니었다면 쉽게 설명할 수 있지.

왕정 시대에서는 왕, 오늘날의 대한민국에서는 대통령이 최고 통치자야. 왕과 대통령은 최고 통치자에게 붙는 호칭이지. 통치자가 바뀌어도 호칭은 바뀌지 않아. 단군 또한 같은 원리로 이해할 수 있어. 당시 고조선에서는 최고 통치자를 단군왕검이라 불렀던 거야. 단군은 제사장, 왕검은 정치적 지배자를 가리키는 호칭이었어. 이 호칭을 통해 고조

선이 정치와 종교가 분리되지 않은 제정일치 사회였다는 사실도 알 수 있지.

기원전 4세기 무렵 철기 문화가 보급되면서 고조선은 랴오닝(요녕) 지방을 중심으로 급속하게 성장했어. 왕이란 칭호도 썼고, 국경을 맞댄 중국의 연나라와도 대등하게 싸웠을 정도야. 오늘날 3개 조항만이 전하고 있는 8조법금도 이 무렵에 만든 것으로 추정돼.

기원전 3세기 후반 진나라가 중국을 통일했어. 하지만 진나라는 곧 멸망했고, 새롭게 한나라가 들어섰지. 기원전 206년 제후국인 연나라가 한나라에 반란을 일으켰어. 혼란스러웠겠지? 그 틈을 타 연나라의 장수 **위만**이 천여 명을 이끌고 고조선으로 망명했어.

위만 "나는 고조선 혈통이다!"

고조선의 준왕은 위만을 신임해서 국경을 경비하는 일을 맡겼어. 위만은 열심히 일을 했고 점점 그의 권력이 강해졌지. 그러다보니 야심이 생겼어. 왕이 되고 싶다!

기원전 194년 위만이 반란을 일으켰어. 성공! 준왕을 몰아내고 왕좌를 차지했지. 위만은 왕검성을 수도로 삼았어. 왕조 혈통이 바뀌었지? 그래서 이때부터의 고조선을 '위만조선' 또는 '위만 왕조'라고 해. '위만 집권기의 고조선'이라고도 불러.

연나라 사람 위만이 왕이 됐으니 고조선도 중국의 일부가 된 게 아닐까 의문이 들겠지만 정답부터 말하자면, '아니다'야.

첫째, 위만이 중국인이란 증거가 없어. 여러 분석에 따르면 위만은 고조선 계열 유민이었을 확률이 높아. 당시에는 오늘날처럼 국경선이 명확하게 그어지지 않았어. 그러니 연나라와 고조선 국경 주변에는 중국인과 고조선 사람들이 한데 섞여 살고 있었을 거야.

둘째, 위만이 상투를 틀고 있었다는 주장도 있어. 이게 사실이라면 위만은 확실한 고조선 혈통이 돼.

셋째, 위만의 주변에는 토착 고조선 사람들이 많았어. 그러니 위만 왕조의 주축은 중국인이 아니었어. 당연히 그가 세운 왕조도 중국의 역사가 될 수 없지.

어쨌든 위만 왕조는 번성했어. 마침 중국은 '진'이 '한'으로 교체되던 시기였어. 절대강국이 없었던 셈이야. 그 기회를 노려 고조선은 주변의 이민족을 제압했고, 무역을 통해 강국으로 성장했단다.

하지만 기원전 156년 한나라의 무제가 등극하면서 상황이 달라졌어. 그는 강력한 황제였고, 고조선의 번영을 그냥 두고 볼 인물이 아니었지. 고조선에 위기가 닥쳤어.

기원전 109년 한나라 대군이 고조선을 침략했어. 저항했지만 역부족이었어. 1년 만인 기원전 108년 수도 왕검성이 함락됨으로써 고조선은 멸망하고 말았단다. 하지만 고조선의 맥마저 끊긴 것은 아니야. 일부는 남쪽으로 내려가 삼한 건설에 주도적인 역할을 했거든.

또 고조선의 멸망 이전에도 쑹화 강(송화강) 주변의 평야와 초원 지대에는 이미 우리 민족의 부족연맹왕국이 있었단다. 바로 부여야. 그 부여의 국왕 가운데 알아둬야 할 인물이 있어. 바로 **금와왕**이야.

금와왕, 고조선과 고구려를 잇다

부여라는 나라는 많아. 북부여, 동부여, 말갈부여, 남부여… 하지만 보통 '부여'라고 할 때는 동부여를 가리켜. 금와는 바로 그 동부여의 왕이 었어.『삼국사기』에는 그의 탄생 설화가 있단다. 살짝 들춰볼까?

동부여의 창건자 해부루에겐 왕위를 이을 후계자가 없어서 아들을 내려달라고 하늘에 기도했어. 이 기도가 효과가 있었을까? 어느 날 해부루가 곤연 못가로 나갔어. 그가 탄 말이 커다란 바위 앞에 이르자 눈물을 뚝뚝 흘리기 시작했지. 이상하지? 바위를 치웠더니 놀랍게도 그 안에 어린 아이가 있었어. 몸이 금빛이고 생김새가 개구리를 닮았다 해서 금와라고 이름을 지었어. 이 말은 '금빛 개구리'란 뜻이야. 해부루는 금와를 아들로 삼았어. 기원전 60년 무렵 해부루가 세상을 떠나자 금와가 왕위에 올랐지.

이제 실제 역사를 살펴볼까?

부여는 여러 부족으로 구성된 연맹왕국이었어. 가장 강한 부족의 군장이 왕이 되는 시스템이야. 하지만 왕의 권력은 약했어. 4개의 큰 부족 군장들을 대가라 불렀는데, 모두 왕에 버금가는 권력을 누렸지. 왕의 밑에는 동물의 이름을 딴 마가, 우가, 구가, 저가의 벼슬이 있었어. 비슷한 시기에 존재했던 옥저나 동예도 이런 형태의 연맹왕국이었단다.

부여는 고조선으로부터 많은 영향을 받았어. 부여의 법이 고조선의 8조법금과 아주 유사하다는 게 그 증거야. 사람을 죽이면 사형시키거나 도둑질하면 몇 배로 갚게 하는 식이지.

부여는 12월에 영고라는 제천행사를 지냈어. 10월에 동예는 무천, 고구려도 10월에 동맹을 열었어. 삼한에서는 5월과 10월, 두 차례 제천행사를 지냈단다. 다시『삼국사기』로 돌아가볼까?

부여 왕 금와가 어느 날 태백산 남쪽으로 행차했다가 우발수란 곳에서 강을 다스리는 신 하백의 딸 유화를 만났어. 그녀를 궁으로 데리고 왔어. 얼마 안 돼서 그녀가 알을 낳았지. 금와왕이 내다버렸지만 동물들이 정성스레 보호하는 게 아니겠어? 어쩔 수 없이 금와왕은 그 알을 유화에게 돌려줬어.

기원전 58년 알을 깨고 사내아이가 태어났어. 7세부터 활을 쏘았는데 백발백중이었지. 사람들은 그 아이를 주몽이라 불렀어. 주몽은 부여 말로 '활을 잘 쏘는 사람'이란 뜻이란다. 이 **주몽**이 훗날 고구려를 세워. 결국 부여는 고조선과 고구려를 잇는 역할을 한 셈이지.

주몽, 한과 투쟁하며 고구려 건국

주몽이 알에서 태어났을 리 없어. 건국 설화일 뿐이지. 실제로는 주몽의 어머니 유화가 금와왕의 후궁이었을 가능성이 높아. 아마도 금와왕은 유화와 주몽을 많이 예뻐했던 것 같아.

금와왕과 왕비 사이에서 태어난 아들들은 그런 주몽이 싫었겠지? 아무런 문제가 없다면 장남 대소가 왕위를 잇겠지만 금와왕이 주몽에게 왕위를 넘겨준다면? 대소가 위기감을 느낄 수 있는 상황이겠지?

대소 형제들은 주몽을 제거하기로 했어. 주몽은 부여를 떠날 수밖에 없었지. 오이, 마리, 협보는 그를 따라 나섰지만 어머니 유화와 부인 예씨는 함께 떠날 수 없었어. 부인 예씨는 임신한 상태였거든. 주몽의 마음이 아팠겠지?

주몽은 졸본부여로 피신했어. 그곳에서 소서노란 여인을 만났어. 그녀는 일찍이 남편을 여의고 비류와 온조, 두 아들을 홀로 키우고 있었지. 그녀의 도움을 받아 힘을 키운 주몽은 한나라 군대와 수시로 전투를 벌였어. 주변의 작은 나라를 잇달아 정복했지. 그리고 마침내 기원전 37년 졸본부여 땅에 고구려를 세웠어! 주몽은 고구려의 왕이 되었어. 바로 동명성왕이야.

이때까지만 해도 동부여의 왕은 금와였어. 덕분에 두 나라의 사이는 그리 나쁘지 않았단다. 하지만 기원전 19년쯤 대소가 왕에 오르면서 상황이 달라졌어. 두 나라는 철천지원수로 바뀌었지. 부여에 남아있던 예씨 부인과 아들 유리도 부여를 탈출해야 했는데, 이 사건이 왕위 후계 문제를 복잡하게 만들었어. 만약 유리가 찾아오지 않았다면 비류나 온조 가운데 고구려의 2대 왕이 나왔을 거야. 하지만 주몽은 자신의 피를 이어받은 아들에게 왕위를 넘겨주고자 했지.

유리가 고구려 2대 국왕이 됐어. 비류와 온조는 남쪽으로 먼 길을 떠날 수밖에 없었지. 기원전 18년 온조가 한강 일대에 나라를 세웠는데, 바로 백제야.

참고로 신라는 기원전 57년 건국됐어. 세 나라 가운데 가장 먼저 탄생한 셈이야. 신라를 세운 박혁거세 설화도 주몽 설화와 비슷해. 『삼국유사』에 따르면 박혁거세도 알에서 태어났어. 그가 태어날 때 짐승들이 일제히 덩실덩실 춤을 추었다는구나.

다시 고구려로 돌아가서….

고구려 태조 동명성왕과 2대 유리왕은 국가를 창건한 영웅이야. 하지만 고구려 영토를 본격적으로 넓히기 시작한 왕은 3대 대무신왕이란다. 대무신왕은 서기 22년 동부여를 정복하고 대소왕을 처형했어.

하지만 그렇게 용맹한 대무신왕이라고 해도 왕권이 아주 강하지는 않았어. 고구려가 졸본부여를 바탕으로 탄생했다는 사실에서도 그 이유를 추정할 수 있어. 그래. 고구려가 여전히 부족 연맹왕국 단계에 남아있었던 거야.

고대국가로 발전하려면 모름지기 제도도 정비해야 하고, 왕권도 강력해야 해. 고구려, 신라, 백제 가운데 가장 먼저 그 작업에 착수한 나라는 고구려였어. 바로 53년 6대 왕에 오른 **태조왕**이야.

태조왕, 왕족 혈통을 정하다

보통 '태조'는 나라를 건국한 왕에게 붙이는 묘호(왕의 묘에 붙이는 시호)야. 중국에서는 송나라 이후, 우리나라에서는 고려 이후에 주로 썼어. 그토록 거대한 묘호를 6대 국왕에게 붙인 거야. 왜 그럴까? 태조왕이 고구려를 고대국가로 발전시키는 첫 단추를 제대로 끼웠기 때문이야.

우선 태조왕은 영토 확장에 심혈을 기울였어. 중국의 후한과 치열한 대결을 벌였지. 요서 지방에 10성을 쌓았고, 한사군에 속해 있는 요동, 현도, 낙랑을 공격했어. 요동 지방의 서안평을 공략해 후한과 한사군의 통로를 차단하기도 했어.

이어 국내 정치에도 개혁의 칼날을 들이댔어.

고구려는 소노부, 계루부, 절노부, 순노부, 관노부 등 5부족의 연맹왕국으로 출범했는데, 주몽은 계루부 출신이었지. 하지만 아직까지는 소노부 세력이 더 강했어. 왕권이 약할 수밖에 없지? 태조왕은 왕족 혈통을 확실히 정했어. 계루부의 고씨 혈통만 왕위를 잇는다고 선포한 거야.

태조왕은 나아가 이 5부족을 5부의 행정구역으로 바꿔 버렸어. 각 부족을 지방 행정구역으로 전환하려는 의도였지. 당장 성공하진 못했지만 의미 있는 시도였어. 이게 성공한다면 왕권도 강해지고 중앙집권제도 정착될 수 있거든.

중앙집권제를 향한 태조왕의 열망이 보이는 것 같지? 하지만 한 번에 이룰 수는 없어. 약 40년 후 **고국천왕**이 개혁의 바통을 이어받았단다.

고국천왕, 진대법 시행하다

179년 고국천왕이 고구려의 9대 왕위에 올랐어. 고국천왕은 태조왕이 기틀을 놓은 중앙집권제를 한층 발전시킨 왕이야.

우선 고국천왕은 5부를 진정한 의미의 행정구역으로 재편했어. 부족의 이름을 딴 부 명칭도 동부, 서부, 남부, 북부, 중부로 바꿨지. 각 부족장은 중앙귀족으로 끌어들였어. 그 결과 부족의 세력이 크게 약해졌어. 생각해봐. 족장이 중앙의 귀족으로 바뀌었는데, 그 부족이 얼마나 강할수 있겠어?

고국천왕은 또 왕위를 아들만이 계승하도록 했어. 그전에는 형제간에도 왕위를 물려받을 수 있었어. 하지만 앞으로는 직계 혈통만이 왕위를 이을 수 있게 했지. 이 개혁 또한 왕의 권력을 강화시키는 데 기여했어.

194년 고국천왕은 진대법도 시행했는데, 나라가 불쌍한 백성을 돕는 구휼 제도야. 가난한 농민이 농사를 지을 수 있도록 봄에 곡식을 빌려 줬다 가을에 돌려받지. 그전에는 농민들이 각 부족의 족장이나 실력자에게 의지했지만 이제는 그럴 필요가 없어졌어. 중앙정부에 도움을 요청하면 되잖아? 이 제도 또한 왕권을 강화하고, 중앙집권제를 발달시키는 데 도움이 됐지.

고국천왕은 태조왕에 이어 중앙집권제를 정착시키려고 많은 노력을 했어. 하지만 개혁 속도가 아주 빠르지는 않았어. 백제의 경우는 달랐어.

고구려보다 뒤늦게 개혁에 착수했지만 중앙집권제에 가깝게 정비하는데 가장 먼저 성공했거든. 그 업적을 달성한 주역은 234년 백제 8대 왕에 오른 **고이왕**이었어.

백제 고이왕, 삼국 중 가장 먼저 법과 제도 정비

백제는 삼국 가운데 가장 늦게 출범했어. 고구려가 국가 기틀을 잡아가는 그 순간에도 백제는 그저 힘없는 나라에 불과했지. 왕권다툼도 심했고, 말갈이나 동예, 신라와도 자주 전투를 벌였어. 그런 백제를 순식간에 탄탄대로에 올려놓은 인물이 고이왕이었어.

이 무렵 중국은 위, 촉, 오가 천하를 다투던 삼국 시대였단다. 그 가운데 위나라가 고구려와 국경을 맞대고 있었어. 고구려는 정치 개혁도 개혁이지만, 당장 위나라에 신경을 더 써야 했지. 반면 백제는 여유가 생겼어. 고이왕은 단숨에 중앙집권제를 구축하는 대개혁에 착수했지.

중앙집권제의 핵심 중 하나가 법(율령)이야. 전국을 통치하려면 모든 지역에 적용되는 통일된 법이 필요하지 않겠니? 고이왕은 고구려에서도 반포하지 못한 이 율령을 처음으로 반포했어.

두 번째 핵심은 관료제야. 신하들의 서열을 명확히 정함으로써 왕에게 충성하는 분위기를 만드는 거지. 이 관료제를 관등과 관제라고 불러. 고이왕은 삼국 가운데 처음으로 16관등 제도를 도입했어. 전체 벼슬의 서열을 16개로 나누었지. 가장 서열이 높은 1품은 좌평이야. 오늘날의 장관과 비슷해. 좌평은 총 여섯 명이 있었어.

6좌평 가운데에서도 내신좌평이 가장 서열이 높았는데, 국무총리인 셈이지. 2~6품은 달솔, 은솔, 덕솔, 한솔, 나솔처럼 '~솔'로 끝나.

7~11품은 '~덕'으로 끝나지. 12~16품은 하급 관리였어. 서열에 따라 입는 옷도 달리 했어. 1~6품은 자색, 7~11품은 비색이었어. 12품 이하의 하급 관리들은 청색으로 된 옷을 입었지.

중앙집권제의 골격을 갖추자 왕권은 눈에 띄게 강해졌어. 게다가 고이왕은 영토도 많이 넓혔어. 당시 한강 일대는 마한의 영역이었어. 그 마한의 우두머리는 '목지국'이었지. 고이왕이 바로 그 목지국을 정복함으로써 한강 일대를 장악할 수 있었지. 백제 군대는 또 황해도 일대에 있는 낙랑과 대방군도 수시로 공격했어. 덕분에 한반도 중부 지역을 오롯이 손에 넣을 수 있었어.

자, 백제가 훨씬 강력해졌어. 그래. 당연히 중앙집권제를 구축하려고 심혈을 기울인 고이왕 덕분이야. 나라가 탄탄해졌으니 뻗어나가기만 하면 돼. 그리고 정말 백제 역사상 최고의 정복 군주가 등장했단다. 바로 **근초고왕**이야. 4세기를 백제의 시대로 만든 영웅이지.

근초고왕, 동아시아 전역으로 뻗다

346년 근초고왕이 백제 13대 왕위에 올랐어. 그는 바로 한반도 남부로 진격해서 아직도 남아있는 마한 세력을 완전히 정복했어. 낙동강 서부의 가야도 제압했지. 이로써 한반도 남부의 곡창 지대를 손에 넣었어.

369년 무렵에는 한반도 남서부를 완전히 통일하고 북쪽으로 진격했어. 당시 요동 지방을 놓고 중국의 전연과 겨루고 있었던 고구려는 남쪽에 신경을 쓸 겨를이 없었겠지? 백제로서는 한강을 넘어 북상할 좋은 기회였어.

두 나라의 본격적인 전투는 369년 치양성(황해도 배천)에서 시작됐어.

백제의 승리! 근초고왕은 곧바로 고구려 평양성까지 진격했어. 371년 평양성에서 전투가 벌어졌어. 이번에도 백제의 승리! 고구려의 고국원왕은 이 전투에서 전사했단다.

고구려가 극도의 혼란에 빠졌지만, 근초고왕은 더 북상하지 못했어. 왜냐고? 신라와 왜구가 그 틈을 타서 남부를 공략할 수도 있잖아? 백제는 군대를 철수시켰어. 하지만 이 전투의 승리로 백제가 한반도의 최고 강자라는 사실이 입증됐지. 남쪽으로 전라도, 북쪽으로 황해도, 동쪽으로 강원도까지 차지했거든.

만약 근초고왕이 여기에 만족했다면 제왕이라 부르지 못했을 거야. 그는 한반도를 넘어 동아시아 전역으로 백제의 이름을 떨치겠다는 야망을 가지고 있었어. 그 야망을 실현시키기 위해 바다로 나아갔지. 목표는 중국 산둥 반도! 백제 해군이 서해를 건넜어.

결과는 성공이었어. 백제군은 산둥 반도에 거점을 확보했지. 백제는 산둥 반도만으로 모자랐어. 다시 북상해 요서 지방까지 진출했단다.

근초고왕은 왜 중국을 공략한 걸까? 우선 고구려를 견제하기 위해서였어. 산둥 반도와 요서 지방에 거점을 마련해놓으면 고구려가 꼼짝할 수 없지.

하지만 더 큰 이유는 따로 있어. 근초고왕은 백제를 동아시아의 최대 해상국가로 만들려 했단다. 그 꿈을 이루려면 서해안을 장악해야 돼. 실제로 산둥 반도에 진출한 이후 서해안은 백제의 바다가 됐지.

근초고왕은 일본으로도 진출했어. 왕인과 아직기를 일본에 보내 한문과 유학을 가르치도록 했지. 일본 왕에게는 칠지도란 선물을 하사했어. 칼의 몸체가 일곱 갈래로 갈렸기 때문에 이런 이름이 붙었지. 이 칼은 현

재 일본의 국보로 지정돼 있단다.

　근초고왕은 이 밖에도 아들만이 왕위를 이을 수 있도록 제도를 고치고, 중국 동진과 외교관계를 맺어 선진 문물을 수입했지. 박사 고흥에게 역사서 『서기』를 쓰도록 했어. 참고로 신라는 거칠부가 『국사』를, 고구려는 이문진이 『유기』를 요약한 『신집』을 냈어. 이 모든 역사서는 현재 전해지지 않는단다.

　375년 근초고왕이 세상을 떠났어. 그의 죽음을 덤덤하게 바라보는 사람이 있었지. 바로 고구려의 소수림왕이야. 평양성 전투 때 전사한 고국원왕의 아들이었지.

근초고왕 이후 백제에는 위대한 정복 군주가 당장 나타나지 않았어. 고구려로서는 추락한 자존심을 만회할 좋은 기회지. **소수림왕**이 시동을 걸기 시작했어.

소수림왕, 불교 첫 수입-중앙집권제 정착

4세기 초반까지만 해도 고구려는 강한 편이었어. 미천왕은 낙랑군을 멸망시켜 대동강까지 영토를 넓히기도 했지. 하지만 고국원왕 때부터 주춤거리기 시작했어. 선비족의 전연으로부터 침략을 당해 위기를 맞기도 했단다.

하지만 371년의 평양성 전투만큼 비극적이지는 않았어. 백제군이 쏜 화살에 왕이 전사했잖아? 태자 소수림왕은 슬퍼할 겨를도 없었어. 왕의 자리를 비워놓을 수는 없는 법. 소수림왕은 바로 고구려의 17대 왕위에 올랐어.

소수림왕이 일찍이 태자에 책봉돼 정치경험이 풍부한 점이 다행이었어. 북쪽에서는 중국이, 남쪽에서는 백제가 압박하고 있었잖아? 아주 큰 위기야. 하지만 소수림왕은 침착함을 잃지 않았어. 오히려 위기를 기회로 삼아 개혁에 착수했지. 그 결과 태조왕 때부터 계속된 중앙집권제 구축 작업이 사실상 마무리됐단다.

소수림왕은 국가를 통합할 이념이 필요하다고 생각했어. 그 이념은 불교였지. 당시 중국은 위진남북조 시대였어. 여러 왕조가 나타났다 사라지고 있었지. 이 무렵 가장 강한 나라는 '전진'이었어. 372년 소수림왕은 전진과 우호적인 관계를 맺을 겸 해서 불교를 수입했어. 한반도에 처음 불교가 전파되는 순간이지. 불교는 호국이념으로 발전하게 된단다.

같은 해, 소수림왕은 태학을 설립했어. 태학은 최초의 국립 학교라고 할 수 있어. 귀족의 자녀들을 입학시켜 유교와 역사를 공부하게 했지. 이 듬해인 373년에는 율령도 반포했어.

국민통합 이념으로 불교를 장려하고, 국가통치 이념으로 유교를 본격 도입했어. 율령 반포로 법치 국가를 지향했지. 이로써 고구려는 중앙집 권 고대 국가로 발돋움하는 긴 작업에 사실상의 종지부를 찍었다고 할 수 있어. 태조왕이 개혁을 시작한 지 250여 년만의 일이야. 소수림왕은 13년에 불과한 재위기간에 엄청난 업적을 이룬 셈이지.

백제가 고이왕 때 국가의 기틀을 다졌고, 그 뒤를 이어 고구려가 소수 림왕 때 도약의 발판을 만들었어. 그렇다면 신라는 이 무렵 뭐하고 있었 을까? 신라도 중앙집권 국가를 향해 서서히 발전하고 있었단다. 본격적 으로 그 작업에 착수한 왕이 **내물왕**이야.

내물왕 "김씨만 왕이 될 수 있다!"

내물왕은 근초고왕이 한창 위력을 떨치던 356년, 신라의 17대 왕위에 올랐어. 그전까지만 해도 신라는 아주 작은 나라에 불과했어. 그런 나라 를 왕국답게 변신시킨 인물이 바로 내물왕이란다.

신라의 시조 박혁거세는 왕의 칭호로 거서간을 썼어. 그의 아들로 왕 에 오른 남해왕은 차차웅을 썼지. 3대 유리왕은 이사금이란 칭호를 사용 했어. 신라 초기에는 박씨와 석씨, 김씨가 번갈아가면서 왕이 됐어. 가령 1~3대 왕은 박씨였지만 4대 탈해 이사금은 석씨였지. 13대 미추 이사 금은 김씨였어.

왕의 호칭도 제각각이고, 여러 혈통에서 왕이 됐다는 게 무슨 뜻이겠니? 그래, 아직 왕권이 너무나도 미약했다는 뜻이야. 고대국가는커녕 여전히 부족연맹 단계를 벗어나지 못한 거지.

이런 상황에서 내물왕이 왕위에 올라 당장 왕을 가리키는 호칭을 마립간으로 바꿨어. 마립간은 대군장이란 뜻이야. 여러 군장 중의 우두머리란 얘기지. 왕의 지위가 조금 상승한 듯 보이지? 내물왕(내물 마립간)은 나아가 김씨만이 왕위를 계승하도록 했어. 왕의 혈통을 확정한 거야.

만약 왕권이 약했다면 이런 조치를 할 수 없었을 거야. 물론 같은 시기의 고구려나 백제만큼 중앙집권제의 기틀이 갖춰지지는 않았어. 그래도 내물왕 시절, 신라에도 중앙집권제의 싹이 보이기 시작했다는 데 큰 의미가 있지. 내물왕은 낙동강 동쪽의 진한 지역을 흡수하기도 했어.

중국과의 교류도 본격화했어. 이 무렵 동아시아에서 가장 문명이 발달한 나라는 단연 중국이었어. 그런 중국과 교류한다는 것은 왕국의 기틀을 갖췄다는 뜻이야. 신라가 중국의 전진으로부터 한자를 수입한 것도 이때였단다.

이처럼 내물왕 덕분에 신라가 크게 성장했지만, 고구려에 비하면 아직 갓난아기에 불과했어.

400년 왜국과 가야, 백제 연합군이 신라를 공격했어. 신라로서는 감당하기 벅찬 상대였지. 서라벌이 함락될 위기에 처했어. 내물왕은 급하게 고구려에 도움을 요청했어. 고구려가 즉시 군대를 보냈지. 가야의 우두머리인 금관가야가 초토화돼 버렸고 왜구는 꽁지 빠져라 달아났지. 덕분에 신라는 가야의 영토였던 지역, 그러니까 부산과 낙동강 하구 일대를 손에 넣었단다.

하지만 세상에 공짜는 없었어. 신라가 사실상 고구려의 속국이 돼버린 거야. 비탄에 빠진 내물왕은 402년에 세상을 떠나고 말았어.

신라에서 벌어지는 이 모든 일을 심드렁하게 바라본 인물이 있었어. 신라를 도울 때 직접 군대를 이끌었던 바로 그 사람이야. 그가 누군지 아니? 우리나라 역사상 최강의 정복 군주, 바로 **광개토대왕**이란다.

동북아 대제국 건설한 광개토대왕

소수림왕이 후계자를 남기지 못하고 사망하자 동생이 왕위에 올랐어. 18대 고국양왕이야. 고국양왕은 7년간 고구려를 통치했고, 391년 그의 아들 담덕이 19대 왕위에 올랐어. 그가 바로 광개토대왕이야.

광개토대왕은 영락(永樂)이란 연호를 사용했어. 원래 연호는 중국 황제만 쓸 수 있어. 그런 연호를 대왕이 독자적으로 썼다는 건, 고구려가 중국과 대등하다는 사실을 선포했다는 이야기야.

광개토대왕은 우선 백제를 정벌했어. 할아버지 고국원왕의 복수도 갚고, 한반도를 평정하기 위해서였지. 392년 고구려 군대가 백제의 석현성을 공략했어. 이 전투를 시작으로 고구려의 전성시대가 활짝 열렸단다.

광개토대왕의 군대는 거의 모든 전투에서 백제를 이겼지. 고구려의 영토는 한강 어귀까지로 넓어졌어. 396년에는 한강 이북의 성 58개를 모조리 정복해버렸고, 백제의 아신왕은 항복할 수밖에 없었어. 광개토대왕은 아신왕을 살려주는 대신 왕족과 귀족들을 고구려로 끌고 갔어.

아신왕은 치욕을 갚으리라 결심했어. 하지만 고구려가 너무나 강했어. 아신왕은 왜국에 도움을 요청했고 왜국은 요청을 받아들여 신라부터 쳤어. 400년 무렵의 일이야. 하지만 광개토대왕이 군대를 이끌고 와서 왜놈들을 모두 몰아냈지? 복수를 꿈꾸던 백제 아신왕은 405년 한탄하며 세상을 떠났단다.

만약 광개토대왕이 한반도 내부에서 영토 확장하는 데만 몰두했다면 대왕이란 칭호를 못 받았을 거야. 그의 진면목은 이제부터야, 목표는 중국 대륙!

백제 정벌에 착수했던 392년, 광개토대왕의 또 다른 군대가 만주로 진격했어. 3년간 고구려는 거란, 비려, 숙신을 하나씩 정벌했어. 이로써 고구려 북동 지역을 완전히 정복하게 됐지.

다음은 서쪽의 요동 지방을 공략할 순서야. 하지만 이번 싸움은 그리 쉽지 않아. 아무래도 문명 수준이 낮은 거란이나 비려보다 중국 왕조가 강하지 않겠어? 이 무렵 고구려와 국경을 맞대고 있던 나라는 후연이었어. 후연이 400년, 먼저 남소성(오늘날의 중국 랴오닝 성 주변)을 기습 공격했어. 고구려는 남소성 일대의 700여 리를 빼앗겼어. 인명 피해도 적지 않았지.

크게 노한 광개토대왕은 402년 당장 반격에 나섰고 전투는 2년간 계속됐어. 고구려의 승리! 고구려는 요동성 정복에 성공했어. 후연이 몇 차례 다시 공격했지만 모두 물리쳤지. 잃어버렸던 고조선의 땅, 그 요동 지방을 되찾는 데 성공한 거야! 후연은 고구려를 건드린 대가를 톡톡히 치러야 했고, 비실비실하다가 409년 멸망하고 말았단다.

그 후로도 광개토대왕의 정복 전쟁은 계속됐어. 광활한 대제국이 건설되었지. 서쪽으로는 요동 반도, 서북쪽으로는 몽골, 북쪽으로는 쑹화 강, 동북쪽으로는 오늘날의 블라디보스토크. 그 안의 영토가 모두 고구려였단다. 정말 광활한 제국이지?

413년 광개토대왕이 세상을 떠났어. 하지만 전성기는 그의 아들 장수왕에 의해 쭉 이어졌지. **장수왕**은 왕위에 오르고 얼마 지나지 않아 아버지의 업적을 기리기 위해 오늘날의 지린성 퉁거우에 광개토대왕릉비를 세웠단다.

장수왕, 한반도를 공략하다

장수왕의 이름이 왜 장수왕인지 아니? 무려 98세까지 살았기 때문이야. 당시 평균 수명을 감안하면 오래 살아도 아주 오래 산 셈이지.

고구려의 전성기는 장수왕 때까지 이어졌어. 다만 양상이 좀 달라. 광개토대왕이 북쪽으로 영역을 넓힌 반면, 장수왕은 한반도로 세력을 확장한 거야. 장수왕은 중국 남조, 북조와 각각 교류했어. 더 이상 중국을 공략하지 않았지. 장수왕은 한반도 공략을 위해 427년 도읍을 평양으로 옮겼어. 장수왕은 왜 남진 정책을 펼쳤을까?

무엇보다 북쪽은 척박했어. 반면 한반도 남부는 풍요로웠지. 게다가 평양에 있으면 바다로도 나가기 쉬워. 물론 국내성에서 중국과 계속 대결하는 것도 부담이 컸지.

어쨌든 고구려의 평양 천도는 백제를 다시 긴장시켰어. 고구려에 대항하기 위해 백제는 433년 신라와 나제동맹을 맺었어. 그러나 나제동맹도 강대국 고구려 앞에는 무용지물이었지.

475년 고구려 군대가 백제 위례성을 함락시켰고, 백제 개로왕은 처형됐어. 고구려군은 계속해서 남쪽으로 진격해 아산만에 이르렀어. 장수왕은 승리를 기념하기 위해 중원고구려비를 세웠단다.

신라가 백제에 지원군을 보냈어. 하지만 수도가 함락되고 왕이 죽었는

데, 무슨 소용이 있겠어? 사후약방문인 셈이야. 신라로 지원을 요청하러 갔던 백제 왕자가 왕위에 올랐어. 새로운 왕(문주왕)은 백제를 살리기 위해 급히 웅진(충남 공주)으로 수도를 옮겼단다.

백제가 풍비박산이 났지? 누가 떨고 있을까? 바로 신라야. 신라는 내물왕 후반기에 고구려의 속국으로 전락했었지? 그 후 나름대로 열심히 고구려의 간섭에서 벗어나려고 노력했어. 그 덕분에 어느 정도 독립 상태를 유지할 수 있었지.

하지만 장수왕은 신라를 봐주지 않았어. 백제를 손봤으니 자연스럽게 신라를 다음 타깃으로 삼았단다. 481년 고구려와 말갈 연합군이 신라로 진격했어. 순식간에 신라 북부 지역의 성 7개가 고구려로 넘어갔어. 고구려 영토는 미질부(경북 흥해)까지로 넓어졌고 그 후로도 장수왕은 신라에 대한 공격을 멈추지 않았어. 그 결과 죽령 이북의 영토를 모두 정복할 수 있었지.

이러다간 신라가 완전 멸망할 것 같은 분위기야. 만약 백제의 도움이 없었다면 정말로 그랬을지도 몰라. 494년 백제의 지원군이 신라로 향했어. 이번에는 나제동맹의 효과가 나타났어. 고구려를 간신히 물리칠 수 있었던 거야. 이때 지원군을 보낸 백제의 왕은 24대 동성왕이야. 신라로서는 **동성왕**에게 크게 감사해야겠지?

동성왕, 신라와 혼인동맹을 맺다

어느덧 근초고왕의 시절은 추억이 돼버렸어. 백제는 그야말로 내우외환의 시대로 접어들었어. 광개토대왕과 장수왕의 공격에 초토화됐어. 게다가 내부적으로는 권력다툼까지 심했단다.

이런 상황에서 479년 동성왕이 24대 백제왕이 됐어. 그는 일본에 머물고 있다가 건너와서 왕이 된 인물이야. 백제의 1인자 귀족 가문인 진씨 가문이 그를 추대했어. 반면 또 다른 귀족인 해씨 가문은 그를 견제했지. 이러니 동성왕의 권력은 아주 미약할 수밖에 없었어.

동성왕은 백제가 다시 번영하려면 왕권부터 강화해야 한다고 생각했지. 그러려면 먼저 지씨 가문과 해씨 가문문부터 제압해야겠지? 이를 위해 동성왕은 다른 귀족 가문을 끌어들여 지방 귀족들이 제멋대로 하지 못하도록 지방에도 관리를 파견했어.

동성왕은 고구려의 남진 정책에도 철저하게 대비했어. 신라에 요청해

나제동맹을 혼인동맹으로 업그레이드하자고 제안했어. 493년 동성왕은 신라 왕실 여성을 부인으로 맞아들였단다.

494년 고구려가 신라를 공격했어. 오늘날의 충북 괴산에서 혈투가 벌어졌지. 신라의 패배. 신라는 성 안으로 들어가 방어전을 폈어. 하지만 얼마 지나지 않아 더 이상 버틸 수 없는 지경이 되고 말았어. 바로 이때 동성왕이 3천여 명의 병사를 급파했어. 그 결과는 이미 알고 있지? 이 협력 작전은 성공이었어. 이를 계기로 나제동맹은 고구려와의 전투에서 여러 차례 승리를 거뒀단다.

하지만 동성왕의 최후는 그리 좋지 않았어. 재위 기간 내내 귀족들과 싸웠지만 왕권은 여전히 불안했어. 결국 501년 동성왕은 귀족들이 보낸 자객에게 암살되고 말았어.

이제 백제가 주저앉는 것일까? 그건 아니야. 동성왕의 노력 덕분에 왕권이 상당히 강해졌거든. 게다가 백제의 부활을 외친 인물이 동성왕에 이어 왕이 됐어. 그 왕이 **무령왕**이야.

백제를 제2의 전성기로 이끈 **무령왕**

501년 무령왕이 백제 25대 왕위에 올랐어. 무령왕은 왕권 강화에 많은 힘을 쏟았어. 귀족들을 단속했고, 반란 세력은 모두 제거했지. 전국을 22개의 담로로 나누고 감시할 왕족을 파견하기도 했어. 중국 남조 중 하나인 양나라와도 교류를 시작했지. 백제가 다시 도약할 준비를 끝낸 것 같지?

무령왕은 숙적 고구려와의 전쟁을 재개했어. 고구려는 여전히 동북아시아를 호령하는 대제국이었어. 하지만 광개토대왕과 장수왕의 전성기 시절과 비교하면 많이 약해져 있었단다. 반면 백제는 동성왕, 무령왕으로 이어지면서 많이 안정을 되찾았지. 싸워볼 만하지?

502년 백제가 고구려의 수곡성(황해도 신계)을 쳤어. 성을 함락하지는 못했지만 고구려에 큰 타격을 주는 데는 성공했어. 얼마 후 고구려도 백제의 고목성(경기 연천)을 쳤어. 이런 식으로 여러 차례 전투가 벌어졌단다. 때론 백제가, 때론 고구려가 승리를 거뒀지.

512년 고구려가 또 백제를 침략했어. 무령왕이 직접 군대를 끌고 전쟁터로 향했지. 백제의 사기가 하늘을 찔렀어. 고전하던 백제가 순식간에 전세를 역전했어. 백제의 대승으로 이 전투는 끝이 났단다.

무령왕은 남쪽으로도 영토를 넓혔어. 이 무렵 전북 임실과 남원 지역에는 가야가 있었어. 바로 그 가야가 목표였지. 가야가 저항했지만 백제군을 이길 수는 없었어. 백제가 곧 섬진강 일대를 정복했어. 무령왕의 활약이 대단하지? 쓰러져가는 백제를 다시 일으켜 세웠잖아? 덕분에 백제는 다시 전성기를 맞았어.

무령왕을 기억해야 할 또 다른 이유가 있단다. 그의 무덤, 즉 무령왕릉 때문이야. 무령왕은 523년 62세의 나이로 세상을 떠났는데 그의 시신이 묻힌 무령왕릉은 1971년 발견됐지. 그 안에 무려 108종류, 2906점의 유물이 있었단다. 이 유물은 당시 백제를 비롯해 삼국의 역사를 밝혀내는 데 큰 도움이 됐어. 무령왕릉에서 보듯, 문화 발전 또한 아주 두드러졌단다.

사실 백제가 이처럼 제2전성기를 맞을 수 있었던 것은 고구려가 많이 약해졌기 때문이야. 여전히 신라는 두 나라에 비해 많이 뒤처졌지. 하지만 무령왕이 통치하던 무렵, 신라가 확 달라졌어. 대대적인 개혁이 시작됐지. 그 개혁의 출발점에 선 인물이 **지증왕**이란다.

지증왕, 나라 이름을 신라로 정하다

무령왕이 왕에 오르기 1년 전인 500년, 신라에서는 지증왕이 22대 왕위에 올랐어. 지증왕은 본격적으로 중앙집권제를 구축하기 시작한 첫 임금이란다. 중국으로부터 문화를 수입해 신라 사회에 적용했어. 신라가 많이 달라졌겠지? 우선 나라 이름부터 바꿨어. 신라는 그전까지 서라벌이라 불렀어. 503년 지증왕이 나라 이름을 한자 표기로 바꿨어. 그 이름이 바로 신라야. 왕의 호칭도 바꿨어. 그전까지 왕의 호칭은 거서간, 차차웅, 이사금, 마립간이었는데 이 호칭을 왕으로 바꿔 부르기 시작한 거야. 공식적으로 신라의 '첫 왕'은 지증왕인 셈이지.

지증왕은 행정구역도 중국식으로 바꿨어. 중국을 본떠 전국에 주, 군, 현을 뒀지. 행정구역을 개편하면서 경북 울진부터 강원 삼척 지역을 실직주로 정했어. 이 실직주에 파견된 군주(오늘날의 도지사)가 바로 이사부라는 사람이야. 우산국(울릉도)을 정복해 신라 영토로 만든 인물이지.

지증왕은 경제와 문화에도 신경을 썼어. 우선 처음으로 농사에 소를 도입해 밭을 갈게 했어. 이 농사기법을 우경이라고 불러. 또 왕이나 귀족들이 죽으면 시중들던 사람들도 함께 무덤에 묻는 순장 풍습을 폐지했어. 신라가 중앙집권 국가의 뼈대를 슬슬 갖추는 것 같지? 이 개혁을 그의 아들이 이어받아 더욱 더 강력하게 추진했는데 그가 **법흥왕**이야.

법흥왕, 중앙집권제를 구축하다

514년 왕에 오른 법흥왕은 중앙집권 개혁을 사실상 마무리한 인물이야. 신라를 확실하게 고대국가의 반열에 올려놓았다고 할 수 있지.

법흥왕 개혁의 핵심은 군대, 법, 관료제, 불교였어. 고구려나 백제에서는 이미 어느 정도 정착된 제도지만 신라에선 도입하지 못하고 있었지. 법흥왕은 이 제도들을 하나씩 시행했어.

517년 우선 병부를 만들었어. 오늘날로 치면 국방부와 비슷해. 이제 왕에게만 충성하는 군대가 생긴 셈이야. 이 말을 뒤집어보면, 그전에는 왕에게만 충성하는 중앙 군대가 없었다는 얘기가 돼. 군대를 가진 귀족이 왕을 얕본 것도 그런 이유에서야. 물론 병부가 설치됐으니 상황이 확 달라졌겠지?

520년에는 율령을 반포했고 4년 후에는 관등과 관직도 정비했어. 백제는 16관등이었지? 법흥왕은 17관등으로 나눴단다. 혈통에 따라 신분을 나누는 골품제도 본격적으로 시행했어. 부모가 모두 왕족이면 성골, 한쪽만 왕족이면 진골이라 불렀어. 그 밑으로는 6두품, 5두품, 4두품이 있었지. 1관등은 이벌찬이었어. 이를 포함해 1~5관등은 진골에게만 줬어. 6두품은 6관등까지만 오를 수 있었고, 5두품은 10관등, 4두품은 12관등까지만 승진이 가능했어. 입는 관복의 색도 달랐어. 1~5관등은 자색, 6~9관등은 비색, 10~11관등은 청색, 12~17관등은 황색이었단다. 상대등이란 벼슬도 신설했는데, 귀족회의의 우두머리를 가리키는 직책이었어. 오늘날로 치면 국무총리에 해당하는 고위 관료였지.

병부를 만들고, 율령을 반포하고, 관등과 관직을 정비하고…. 참으로 바쁜 나날을 보냈지. 이제 마지막 개혁이 남았어. 국민을 통합시키기 위한 종교를 받아들이는 것, 바로 불교를 공인하는 작업이야.

사실 법흥왕이 왕에 오르기 훨씬 전, 이미 불교는 신라에 전파돼 있었어. 그러나 귀족들의 반대로 공인되지 못하고 있었지. 귀족들은 백성들을 자신의 손아귀에 넣고 주무르고 싶었어. 그러니 국가 종교인 불교를 용납하지 않으려 했지. 하지만 법흥왕도 더 이상 물러서지 않았어. 527년 이차돈의 순교를 계기로 법흥왕은 마침내 불교를 공인하는 데 성공했단다.

532년에는 금관가야를 병합했어. 4년 후에는 건원(建元)이란 연호를 사용하기 시작했지. 신라왕으로서는 처음 연호를 쓴 거야.

법흥왕의 업적이 많지? 이처럼 국가를 탄탄하게 만들어놓으면 후계자가 통치하기 수월해져. 고이왕의 개혁 덕분에 근초고왕이 백제 전성기를 달렸고, 소수림왕의 개혁 덕분에 광개토대왕과 장수왕의 활약이 가능했던 것처럼 말이야. 신라도 마찬가지였어. 법흥왕의 개혁은 다음 왕의 활동에 큰 도움을 줬어. 그 왕이 바로 신라 24대 **진흥왕**이란다.

진흥왕, 한반도를 장악하다

진흥왕은 신라를 최고의 강국으로 만든 인물이야. 더 이상 신라는 고구려와 백제의 눈치를 보는 약소국이 아니었어. 그 과정을 볼까?

551년 진흥왕은 개국(開國)이란 연호를 제정했어. 나라를 연다는 뜻. 한반도를 통일하겠다는 야망을 엿볼 수 있는 연호지?

진흥왕은 불교를 본격적으로 호국 종교로 발전시켰어. 불교에 토속 신앙을 가미한 팔관회를 대대적으로 열었어. 이 행사를 통해 신라 사람들은 단단하게 뭉칠 수 있었지.

진흥왕의 통치시절 나제동맹은 최고의 활약을 보여줬어. 551년 나제동맹 군대가 고구려를 공격했어. 나제동맹의 대승! 한강 일대를 다시 빼앗아오는 데 성공했어. 한강 하류의 6개 군은 백제가, 상류의 10개 군은 신라가 차지했지.

백제와 신라 모두 축제 분위기였어. 하지만 진흥왕은 백제와 함께 축제를 즐길 생각이 없었어. 과감하게 배신하자!

당시 고구려는 북쪽의 돌궐과 전투 중이었어. 남쪽에 신경 쓸 겨를이 별로 없었지. 진흥왕은 이 틈을 놓치지 말고 고구려를 밀어붙여야 한다고 주장했고 백제도 동의했어. 나제동맹군이 다시 북쪽으로 진격하기 시작했어.

553년 전혀 예상치 못했던 일이 벌어졌어. 신라군이 갑자기 백제를 공격한 거야! 진흥왕의 속셈을 볼까?

진흥왕은 백제와 동맹을 유지할 필요가 없다고 생각했어. 뿐만 아니라 한강 하류도 장악해야 신라가 성장할 수 있다고 믿었지. 한강 전체를 장악하면 고구려와 백제를 갈라놓을 수 있어. 또 서해안을 이용해 중국과도 직접 교류할 수 있지.

모든 일은 진흥왕의 계획대로 됐어. 신라는 백제로부터 한강을 빼앗았지. 화가 난 백제의 성왕이 554년 신라에 도전했어. 이렇게 해서 터진 전쟁이 관산성 전투야. 이 전투에서 성왕이 전사했단다. 배신당한 것도 억울한데 목숨까지 잃은 셈이야.

진흥왕은 그 후 고구려도 공략했어. 다음에는 남쪽의 가야를 공략했지. 관산성 전투에서 가야가 백제를 도운 게 괘씸해서야. 562년 진흥왕은 고령 대가야를 멸망시켜 버렸단다.

진흥왕 시절 신라는 사상 최고의 영토를 정복했어. 북쪽으로는 함흥평야까지 진출했단다. 진흥왕은 정복을 기념하기 위해 창녕, 북한산, 황초령, 마운령 등 네 곳에 진흥왕순수비를 세웠어. 고구려 성이었던 단양을 정복한 후에는 그곳에 단양 신라적성비를 세웠지.

진흥왕의 업적은 신라인에게는 대단한 것이야. 그러나 백제 사람들에게도 그럴까? 아니야. 그들은 진흥왕의 배신에 치를 떨었지. 더불어 배신의 책임을 묻기 위해 벌인 관산성 전투에서 전사한 성왕을 기렸단다. **성왕**이 비명횡사하지 않았다면, 백제는 전성기를 계속 이어갔을지도 몰라.

신라에 배신당한 백제 성왕

성왕은 백제 26대 왕이야. 무령왕의 뒤를 이어 523년 즉위했지. 성왕은 그야말로 파란만장한 삶을 살았어.

왕에 오르고 얼마 지나지 않아 고구려가 쳐들어왔고, 예성강(혹은 대동강) 일대에서 전투가 벌어졌어. 이 전투는 백제가 승리했단다. 백제가 고구려에 끌려만 다니는 나라가 아니란 사실을 증명한 거야.

538년 성왕은 수도를 웅진에서 사비(부여)로 옮겼어. 나라의 이름도 남부여라고 바꿨단다. 백제의 원래 뿌리가 광활한 만주를 누비던 부여라는 점을 강조하기 위해서였어. 기상을 이어받아 백제를 부활시키겠다는 각오를 읽을 수 있지?

정말로 성왕은 백제의 제2전성기를 잘 이어나갔어. 중국 남조 양나라와의 교류도 늘려나갔어. 일본에 문화도 수출했지. 552년 노리사치계가 일본에 불상과 불경을 전한 거야. 오경박사, 역박사, 의박사도 일본에 학문을 전파했어.

참고로, 595년에는 고구려 승려인 혜자가 일본으로 건너가 쇼토쿠 태자의 스승이 됐어. 610년에는 고구려의 담징이 일본에 종이와 먹의 제조법을 가르쳐주고, 금당벽화도 완성했어. 노리사치계의 업적과 함께 이런 사실도 알아두는 게 좋을 거야.

성왕 시절 나제동맹도 전성기를 맞았어. 한강 유역을 되찾기도 했지? 하지만 얼마 지나지 않아 동맹이 깨졌어. 앞에서 살펴본 진흥왕의 배신 때문이지? 신라가 백제를 공격해 한강 일대를 빼앗았잖아.

성왕은 신라와 싸우기로 하고, 일본에도 지원을 요청했어. 이어 가야와 연합해 신라를 쳤지. 하지만 신라 군대가 더 강했어. 이 관산성 전투에서 성왕은 전사했어. 더불어 백제의 제2전성기도 막을 내렸단다.

이처럼 6세기는 신라의 전성기였어. 백제만 힘들어 한 게 아냐. 고구려도 무척 힘든 상황이었어. 게다가 고구려는 또 다른 위협에 시달리고 있었지. 589년 수나라가 중국 전체를 통일하면서 4백여 년간 계속됐던 남북조 시대를 끝냈어. 바로 그 수나라를 건국한 문제가 요동과 요서 지방을 놓고 고구려와 갈등을 벌인 거야.

급기야 큰 전쟁이 터졌어. 바로 고구려-수 전쟁이지. 이 전쟁의 영웅은 단연 **을지문덕**이야.

을지문덕, 살수에서 수를 대파하다

수 문제는 고구려에 복속을 요구했어. 항복하란 뜻이야. 고구려는 거절했어. 오히려 기선을 제압하기 위해 598년 요서 지방을 선공했단다.

수나라도 당하고만은 있지 않았어. 바로 30만 대군을 동원해 육지와 바다로 고구려를 침략했지. 하지만 홍수와 전염병 때문에 수나라는 제대로 전투도 치러보지 못하고 3개월 만에 철수했단다. 고구려의 승리인 셈이지.

고구려는 신라를 압박했어. 603년에는 신라의 북한산성을 쳤어. 관산성 전투의 치욕을 잊지 않은 백제도 신라를 쳤지. 두 나라로부터 협공을 당한 신라는 중국에 의지하기로 했어. 신라 진평왕은 608년 수나라에 긴급 지원을 요청했단다.

도와달라는 신라의 요청은 수나라에게 한반도를 다시 침략할 좋은 구실이 됐어. 수나라는 고구려가 건방지고, 수나라에 무릎을 꿇지 않으며, 다른 나라(신라, 돌궐 등)가 수나라에 조공하는 걸 방해한다고 비난하고 있었거든.

결국 612년 수나라 2대 황제 양제가 직접 113만 대군을 이끌고 한반도를 침략했어. 하지만 수군은 요동성을 함락시키지 못했지. 양제는 우중문에게 30만 별동대를 주면서 평양으로 진격하라고 했어. 이에 맞선 고구려의 장수가 을지문덕이야.

을지문덕은 우중문의 군대와 싸우고 빠지는 작전을 폈어. 철수할 때는 식량이 될 만한 것은 모두 없애버렸어. 이를 '청야작전(淸野作戰)'이라고 한단다. 극심한 피로에 굶주림까지 겹친 수군은 죽을 맛이었지. 쉬려고 하면 바로 고구려 군대가 공격해왔어. 싸우려 하면 고구려 군대는 후퇴했어. 그렇게 하다 보니 우중문의 별동대가 평양 근처에 이르렀어.

바로 그때, 을지문덕이 편지 한 통을 우중문에게 보냈어. 그 유명한 '여수장우중문시(與隋將于仲文詩)'가 담겨 있었지. 우중문을 조롱하는 내용이었어. 우중문은 화가 많이 났지만 이미 전세는 기울고 있었단다. 어떻게 해볼 도리가 없었어.

을지문덕은 그런 우중문의 속마음을 훤히 꿰뚫고 있었기에 거짓으로 항복했어. 우중문이 군대를 돌릴 명분을 주기 위해서였지. 더 이상 싸워

봤자 이기는 게 불가능하다는 걸 알고 있으니 우중문도 항복을 받아들일 수밖에 없었어.

철수하는 수나라 군대가 살수(청천강)에 이를 무렵, 고구려 군대가 나타났어. 맞아, 을지문덕은 수나라 군대를 격파할 장소로 이곳을 택한 거야. 격돌. 고구려의 대승!

우중문의 별동대는 30만 대군이라고 했지? 하지만 살수대첩에서 살아 돌아간 이는 2천7백여 명에 불과했단다. 수나라가 완전 참패한 거야.

수나라는 613년에도 다시 고구려를 침략했어. 그러나 수나라 내부 사정이 좋지 않았어. 반란이 일어났거든. 결국 이 전쟁은 흐지부지 끝났어. 수나라는 614년에도 고구려 침략을 계획했지만 포기하고 말았지. 결국 수나라는 고구려를 꺾지 못했단다. 오히려 시들시들하다 618년 멸망하고 말았지. 살수대첩의 여파가 상당한 셈이지?

수나라에 이어 당나라가 들어섰어. 당나라도 고구려를 노렸지. 고구려에 위기가 닥친 셈이야. 엎친 데 덮친 격으로 고구려가 지친 틈을 타서 신라가 다시 도약하기 시작했어. 고구려에 을지문덕이란 명장이 있었다면 신라에는 **김유신**이 있었지.

삼국 통일을 이끈 명장 김유신

김유신은 멸망한 가야의 왕족 출신으로 15세 되던 해 화랑이 됐어. 어렸을 때부터 삼국통일의 야망을 품었던 김유신은 타고난 무인이었어. 전투 현장에서 특히 그의 역량이 빛을 발했지.

진흥왕 이후 신라에서는 25대 진지왕, 26대 진평왕이 왕위에 올랐어. 그들은 진흥왕처럼 뛰어난 군주가 아니었어. 진평왕은 수나라에 도움을 구걸하기도 했어. 그 요청을 핑계로 수나라가 고구려를 침략했지?

고구려도 전쟁후유증이 꽤 컸어. 수나라보다 몇 배는 강한 당나라를 상대해야 하는 것도 부담이었단다. 고구려의 위기. 629년 신라가 그 틈을 타서 고구려의 낭비성을 공격했어. 그래도 호랑이는 쉽게 죽지 않아. 고구려는 여전히 강국이었어. 신라가 고전을 면치 못했단다.

순간 김유신이 고구려 장수와 일대일로 맞붙었고 이 대결에서 김유신이 이겼어. 신라군의 사기가 하늘을 찔렀지. 순식간에 전세가 역전됐고, 결국 신라가 전투에서 승리했어. 이 전투 이후 김유신이 무인으로서 주목받기 시작했단다. 이때 그의 나이 서른셋이었어.

김유신은 명장 중의 명장으로 성장했어. 특히 신라의 27대 국왕에 오른 선덕여왕이 김유신을 총애했지. 여왕은 644년 김유신을 상장군에 임명했어. 상장군은 대장군의 바로 다음 벼슬. 김유신이 군 서열 2위의 강자가 된 거야.

하지만 엄밀하게 말하면 김유신은 신라의 왕족이 아니었어. 가야 왕족이라고는 하지만 가야는 이미 멸망한 나라잖아? 그런 김유신이 어떻게 이토록 급성장할 수 있었을까? 그의 뒤에 또 다른 정치 거물이 있었던 건 아닐까?

맞아. 김유신의 뒤에는 김춘추란 거물이 있었어. 그는 진골 귀족이었어. 신라 골품제도에서 진골은 성골 다음의 서열 2위 귀족이야. 김유신은 바로 그 김춘추에게 여동생을 시집보냈어. 이 결혼으로 두 가문이 단단히 맺어진 셈이지. 덕분에 김유신의 가문도 왕족에 가까워진 거야.

김유신은 삼국 통일 전쟁에서 맹활약을 벌였어. 계백과의 황산벌 전투에서 승리함으로써 백제를 무너뜨리는 데도 크게 기여했지. 고구려를 정복하고, 뒤이어 당나라와 한판 대결을 벌일 때도 김유신은 전장에서 맹활약했어.

물론 그의 곁에는 항상 김춘추가 있었어. 그의 처남이자 선덕여왕과 진덕여왕의 뒤를 이어 654년 신라의 29대 왕이 된 인물이야. 그가 바로 **태종무열왕**이지.

삼국 통일의 진짜 주역, 태종무열왕

김춘추는 51세에 왕이 됐어. 진골 출신으로는 첫 왕이니까 왕에 오르기까지 우여곡절이 많았겠지?

김춘추가 정치에 본격 뛰어든 것은 642년이었어. 당시 대야성의 도독(성주)이 그의 사위였는데, 백제군의 공격을 받아 딸과 함께 죽고 만 거야. 김춘추는 꼭 백제를 멸망시키겠다고 맹세했어.

김춘추는 도움을 요청하기 위해 고구려로 갔어. 고구려 1인자 연개소문을 만났어. 연개소문은 김춘추를 돕기는커녕 오히려 가둬버렸단다. 선덕여왕은 김유신에게 고구려를 쳐 김춘추를 구하라는 명령을 내렸어. 김유신은 명장 중의 명장. 굳이 고구려도 불필요한 전쟁을 하고 싶지는 않았을 거야. 연개소문은 김춘추를 풀어줬어.

김춘추의 첫 정치 작품은 실패했어. 하지만 선덕여왕은 그를 지지했어. 강한 군대를 가진 김유신은 든든한 후원자가 됐지. 덕분에 김춘추는 승승장구할 수 있었어.

647년 신라에서 반란이 터졌어. 상대등 비담이 여왕을 따르지 않겠다며 들고 일어난 거야. 김춘추가 김유신과 함께 이 반란을 진압했고 그 공을 인정받았어. 비로소 김춘추가 정치의 핵심으로 떠올랐단다.

반란은 진압됐지만 그 와중에 선덕여왕이 세상을 떠났어. 이미 최고 실력자가 된 김춘추가 마음먹었다면 왕이 됐을 수도 있어. 하지만 그는 신중했어. 어쩌면 아직은 때가 아니라고 생각했을지도 몰라. 그런 이유로 진덕여왕이 28대 왕위에 올랐어. 진덕여왕 또한 김춘추를 절대적으로 신임했어. 하긴, 이미 권력을 김춘추가 장악하고 있잖아?

648년 김춘추가 당나라로 건너갔어. 당나라 황제 태종에게 동맹을 제의하기 위해서였지. 고구려를 쳤다가 패한 경험이 있는 당 태종이 이 제의에 관심을 보였어. 신라를 잘만 이용하면 고구려를 공략할 수 있잖아? 게다가 김춘추는 삼국을 통일한 후 대동강 이북의 고구려 땅을 당나라에 주겠다고 제안했어. 그러니 신라의 동맹 제의를 거절할 이유가 없겠지? 이렇게 해서 나당연합이 탄생했단다.

654년 진덕여왕이 세상을 떠났어. 비로소 김춘추가 왕위에 올랐지. 태종무열왕은 우선 백제를 정복하기로 했고, 660년 소정방이 이끄는 당군이 기벌포에서 백제를 쳤어. 이어 김유신이 이끄는 신라군이 황산벌에서 백제군과 혈투를 벌였지. 이 전투가 황산벌 전투야. 백제의 명장 계백이 5천여 명의 결사대를 이끌고 맞섰지만 역부족이었어.

당과 신라의 군대가 합류했어. 더 커진 군대는 백제의 수도 사비성으로 진격했지. 곧 사비성이 정복됐어. 백제의 의자왕은 부랴부랴 웅진성으로 달아났어. **의자왕**은 자신이 백제의 마지막 왕이 될 거라고는 꿈에도 생각하지 못했을 거야.

부활 시도했지만 끝내 멸망한 **의자왕**

백제의 31대 국왕. 한때 대대적인 공격으로 신라를 궁지로 몰아넣었던 왕. 하지만 돌연 사치와 향락에 빠져 백제를 멸망에 이르게 한 왕. 3천여 명의 궁녀를 거느렸다는 오해를 받고 있는 왕….

의자왕은 이처럼 다양한 평가를 받고 있단다. 하나씩 보도록 할까?

무왕의 아들인 의자왕은 어렸을 때부터 효자로 소문이 나 있었다는구나. 『삼국사기』에 의자왕이 해동의 증자로 불렸다는 기록이 남아 있어. 증자는 공자의 제자인데, 효성이 뛰어났던 인물이야.

641년 왕에 오르자마자 바로 개혁을 단행했어. 우선 반대세력부터 제거했어. 동생들까지 모두 숙청했지. 반대로 죄 없는 사람들은 풀어줬어. 이 모든 조치는 왕권을 강화하기 위한 것이었단다. 성왕이 관산성 전투에서 전사한 후 백제는 혼란스러웠고, 권력 다툼도 더 심해진 상황이었거든.

왕권을 다진 의자왕은 신라 공략에 나섰어. 직접 군대를 지휘하기도 했어. 백제군의 사기가 크게 올랐겠지? 백제는 신라의 성 40여 개를 빼앗았어. 이때 정복한 성 중 하나가 대야성이었단다. 그래. 김춘추의 사위가 성주로 있었던 바로 그 성이야.

의자왕은 신라가 당나라와 연합하자, 고구려에 손을 내밀어 여제동맹을 맺기도 했어. 643년에는 고구려와 힘을 합쳐 신라의 당항성을 쳤어. 이 성은 신라가 당나라와 교류하는 통로였어. 신라가 당나라에 도움을 요청하자 의자왕은 군대를 철수할 수밖에 없었지.

그 후로도 백제는 여러 차례 신라를 공격했어. 신라의 성 30여 개 이상을 빼앗았지. 다시 백제의 전성기가 찾아오는 것일까? 아니야. 의자왕이 돌변했거든. 신라를 궁지로 몰아넣던 그 용맹과 기백이 갑자기 사라져 버렸어! 의자왕은 왕궁을 새로 짓고, 흥청망청 놀기 시작했어. 도대체 무슨 일이 일어났던 것일까? 정확한 이유는 알 수 없어.

어쩌면 신라가 백제를 멸망시킨 후 교묘하게 왜곡했을 수도 있어. 의자왕이 3천 궁녀를 거느리며 향락에 빠져 살았다는 부분도 사실이 아니란다. 백제 궁궐터를 보면 그토록 많은 궁녀가 살 공간이 없어. 3천 궁녀 이야기는 훗날 문학 작품에서 만들어진 허구야.

의자왕은 660년 백제 멸망과 함께 당나라로 끌려갔는데 끝내 고국으로 돌아오지 못했고, 그곳에서 생을 마감했단다.

신라의 상승세가 느껴지지? 신라가 내친김에 고구려를 정복할 수 있을까? 글쎄. 고구려에 연개소문이 살아있는 한 쉽지는 않을 거야. **연개소문**은 고구려의 최고 실력자였어. 왕은 아니지만 왕을 마음대로 바꿀 정도였지.

패배를 모르는 명장, 연개소문

백제 의자왕이 즉위하고 1년이 지난 642년, 고구려 수도 평양성(장안성) 남쪽에서 군대 사열식이 열렸어. 연개소문이 주최한 행사야. 영류왕과 귀족들이 초대됐지. 그들이 한껏 흥에 취했을 무렵 연개소문의 신호가 떨어졌어. 병사들이 나타나 귀족을 닥치는 대로 죽였어. 영류왕도 죽음을 맞았지.

연개소문은 영류왕의 조카를 왕에 앉혔어. 그가 고구려의 마지막 왕인 28대 보장왕이야. 하지만 왕은 허수아비에 불과했어. 벼슬만으로 보면 왕 다음의 2인자는 대막리지였어. 연개소문이 바로 이 대막리지에 올라 군사권과 인사권을 비롯해 모든 권력을 장악했어.

연개소문은 왜 반란을 일으킨 것일까?

그의 집안은 대대로 중국에 강경 입장을 고수해왔어. 연개소문 또한 당나라와 싸워야 한다는 강경파였지. 하지만 영류왕과 귀족들은 당에게 고개를 숙이는 '저자세 외교'를 취했어. 당 태종이 황제가 된 뒤에 저자세는 더 심해졌어. 아무런 조건 없이 수나라와의 전쟁 때 사로잡은 병사 1만 명을 돌려보내기도 했단다. 그런데 연개소문이 정권을 잡았으니 당나라에 대해서도 '강경 외교'로 바뀐 것은 당연한 일이야.

얼마 후 김춘추가 백제 의자왕을 격퇴해달라며 도움을 요청해왔어. 연개소문은 한강 일대의 땅을 먼저 돌려달라고 했어. 신라가 그 요구를 들어줄 리 없지? 협상은 결렬됐어. 당 태종이 사신을 보내 신라와 화해할 것을 요청할 때도 연개소문은 콧방귀를 뀌며 사신을 가둬버렸단다. 백제와 여제동맹을 맺고 신라의 당항성을 공격하기도 했어.

645년 당 태종이 "연개소문의 반역 행위를 벌하리라!"며 17만 대군을 이끌고 고구려를 침략했어. 물론 진짜 속셈은 고구려 정복이었지. 마침 신라까지 도움을 요청해왔으니, 침략하기에 이보다 좋은 기회가 어디 있겠어? 이렇게 해서 고구려-당 전쟁이 시작됐단다.

당군은 요동성과 백암성을 순식간에 점령했지만 고구려도 가만히 당하지는 않았어. 연개소문이 이끄는 고구려 군대가 곧 정비를 끝내고 반격에 나섰지. 전쟁은 장기전으로 접어들 분위기였어. 보급로가 끊긴 당의 병사들도 지쳤어. 안시성을 빼앗으려고 5개월이나 공들였지만 실패했거든. 안시성주와 백성들이 똘똘 뭉쳐 당군을 격퇴한 거야!

이 안시성 전투에서 패하면서 당군은 급격하게 약해졌어. 결국 고구려의 승리로 1차전이 끝났단다. 그제야 당 태종은 고구려의 저력을 깨달았어. 하지만 고구려는 반드시 정복해야 할 대상이야.

당 태종은 다시 고구려 공략 계획을 짰어. 이 계획도 성공하지 못했단다. 649년 당 태종이 사망했기 때문이야.

당나라는 647년과 648년 잇달아 고구려를 침략했어. 하지만 패배를 모르는 연개소문의 철통 수비에 막혀 철수할 수밖에 없었어.

660년 나당연합군이 백제를 멸망시켰어. 하지만 고구려는 정복할 수 없었어. 연개소문의 군대가 잇달아 당군을 격파했단다. 연개소문이 있는 한, 고구려는 끄떡없을 것 같지?

665년 연개소문이 세상을 떠났어. 고구려의 위기! 연개소문의 아들들

은 권력 다툼에 정신이 없었어. 큰 아들은 당에 투항했고, 동생은 신라에 투항했어. 기력도 떨어지고 이빨도 모두 빠진 호랑이로 전락한 셈이지.

연개소문의 공백이 정말 크지? 하지만 신라 문무왕에게는 이보다 기쁜 소식이 없었어.

문무왕은 김춘추의 아들로, 신라의 30대 왕에 오른 인물이야. 문무왕은 총공격 명령을 내렸어. 668년 나당연합군이 고구려를 공격했어. 결국 고구려는 역사 속으로 사라졌단다.

이제 삼국이 통일된 건가? 아직은 아니야. 당나라가 한반도를 집어삼키려는 야욕을 드러냈거든. **문무왕**은 당나라와 전면전을 벌이기로 했어. 이게 나당 전쟁이야.

문무왕, 한반도를 통일하다

당나라는 웅진을 비롯해 백제 땅에 5개의 도독부를 설치했어. 도독부는 당이 정복지에 설치하는 통치기구야. 문무왕은 화가 났지만 고구려와의 일전을 앞두고 있으니 참을 수밖에 없었어.

당의 횡포는 갈수록 심해졌어. 663년에는 신라 땅에까지 계림도독부를 설치하고, 문무왕을 계림도독으로 임명했단다. 백제뿐 아니라 신라도 당의 식민지라고 여긴다는 뜻이지. 그래도 문무왕은 꾹 참았어. 고구려를 무너뜨린 후 두고 보자는 생각이었지.

668년 고구려가 무너졌어. 당은 고구려에도 9개의 도독부를 설치했어. 평양에는 도독부를 총괄하는 안동도호부를 따로 설치했어. 당의 장수 설인귀가 우두머리인 도호부사에 임명됐지.

마침내 문무왕의 분노가 폭발했어. 삼한을 통일했으니, 더 이상 당의 눈치를 볼 필요도 없잖아? 670년 신라 군대가 옛 백제 땅에 주둔해 있는 당의 군대를 공격했어. 승리한 신라는 웅진도독부를 없애버렸어.

671년에는 사비를 빼앗은 뒤 신라의 행정구역에 편입시켰지. 이렇게 해서 나당 전쟁이 시작됐단다.

백제가 멸망한 후 흑치상지와 복신, 도침은 백제 부흥 운동을 펼쳤어. 일본에 있던 왕자 부여풍을 왕으로 추대했지. 하지만 곧 내분이 일어나 실패하고 말았어.

고구려 땅에서도 부흥 운동이 일어났어. 검모잠은 왕족인 안승을 왕으로 추대했어. 하지만 얼마 지나지 않아 둘 사이에 알력이 생겼어. 안승은 검모잠을 죽이고 신라에 투항했단다. 고구려 장수 고연무는 당의 군대와 싸웠고 문무왕은 당과 싸우는 고구려 유민을 적극 지원했어.

675년 당나라가 20만 대군을 한반도로 보냈어. 예상된 침략. 문무왕은 이미 충분히 대비해놓았지. 매소성(경기 양주)에서 전투가 벌어졌단다. 신라의 대승! 자존심이 상한 당이 676년 다시 서해안을 거쳐 기벌포(금강 하구)를 통해 공격해왔어. 이번에도 물리쳤어.

당은 신라와의 전쟁에 승산이 없다고 판단해서 평양에 있던 안동도호부를 멀리 요동 지방으로 철수시켰어. 한반도에서 손을 뗀 거야. 마침내 신라가 명실상부한 삼국통일을 이룬 셈이지.

문무왕은 삼국통일을 이루고 5년 뒤에 세상을 떠났어. 그는 동해 바다에 자신의 유해를 안장해달라는 유언을 남겼단다. 죽어서도 용이 돼 한반도를 지키겠다는 뜻이야. 이 유언에 따라 문무왕은 화장된 후 바다에 안장됐어. 그게 오늘날 경주 양북면 앞바다에 있는 태왕암(대왕 암)이란다.

신라의 삼국통일은 무열왕이 시작했지만 완성은 문무왕이 이뤄냈어. 다만 통일된 영토가 대동강 이남으로 제한된 점은 아쉬워. 고구려의 광활한 영토를 잃어버렸잖아?

그래도 그 영토가 당으로 넘어간 것은 아니란다. 바로 그곳에서 새로운 우리 민족의 국가가 탄생했거든. 발해야. 발해를 건국한 인물은 고구려 유민 **대조영**이었어.

꼬리에 꼬리를 무는

한국사 韓國史
인물
이야기

남북국 시대

(통일신라와 발해)

대조영의 발해, 만주를 호령하다

당은 고구려 유민들을 강제로 여러 지역에 분산 수용했어. 유민들이 똘똘 뭉칠까봐 두려웠던 거야. 만주 일대를 호령하던 고구려인들이니 그런 걱정을 할 법도 하지?

이 정책에 따라 많은 고구려인들이 요하 서쪽의 영주로 이주했어. 그곳에는 거란족과 말갈족이 살고 있었어. 용광로처럼 여러 민족이 어우러졌겠지? 696년 그곳에서 거란족이 당에 대해 반란을 일으켰어. 혼란스러웠겠지? 그 틈을 타서 고구려 유민 걸걸중상과 그의 아들 대조영이 탈출을 감행했어.

그들은 고구려 유민과 말갈족을 이끌고 동쪽으로 향했어. 당군이 뒤쫓았지. 대조영 일행은 얼마 지나지 않아 천문령에 도착했어. 산세가 험해적은 병력으로 당의 대군을 막기에 아주 좋은 곳이었지. 대조영은 군대를 매복시킨 뒤 당군이 오기를 기다렸어.

얼마 후 당의 군대가 도착했어. 대조영의 지시에 따라 3천여 명의 병사가 나가 싸우는 척하다가 후퇴했어. 대조영의 작전을 전혀 눈치 채지못한 당군은 예상했던 대로 천문령 안으로 쫓아 들어온 거야. 결과는 뻔하지. 대조영 군대가 대승을 거뒀어.

이 전투로 대조영의 용맹함이 널리 알려졌어. 당도 더 이상 대조영을 방해할 수 없다는 사실을 깨달았어. 이제 별 방해 없이 대조영은 무리를 지휘할 수 있게 됐어.

대조영은 곧 동모산(오늘날의 중국 지린성)에 도착했어. 과거 고구려 계루부 왕족의 본거지였단다. 이곳에서 698년 대조영이 발해의 건국을 선포했어. 대조영은 발해의 태조인 고왕이 됐어.

중국은 발해를 중국 역사의 일부라고 주장하고 있어. 물론 말도 안 되는 주장이지. 조목조목 따져볼까?

첫째, 발해는 고구려를 계승했어. 발해가 출범한 지역은 고구려가 탄생한 지점이었어. 발해에 말갈족과 고구려인이 뒤섞여 있었다지만 문화는 고구려의 것을 이어받았지. 도읍을 비롯해 중심지에는 고구려인이 훨씬 많았다는 분석도 나오고 있단다. 일본 기록에도 발해를 지배한 민족은 고구려 민족이라고 나와 있어. 발해 사신이 일본 왕에게 전달한 국서에도 발해왕은 '고려 국왕'이라고 표기돼 있지.

둘째, 발해는 독자 연호를 썼지. 왕은 황제라 불렀지. 발해가 중국에 대해 독립국임을 분명하게 밝혔다는 얘기야. 중국 역사의 일부라면 독자 연호와 황제 칭호 사용은 꿈도 꾸지 못하지.

셋째, 발해의 번영은 중국도 인정했어. 9세기 전반 선왕 시절, 발해는 연해주에서 요동 지방에 이르는 넓은 영토를 차지한 대제국으로 성장했어. 중국은 그런 발해를 해동성국이라 부르며 칭송했지. 이 말은 바다 동쪽에 있는 번영의 나라란 뜻이야.

자, 발해가 우리의 역사인 게 확실하지? 따라서 신라가 삼국을 통일한 후라 해도 완전한 통일을 이룬 건 아니라고 봐야 돼. 학자들은 이 시기를

북의 발해, 남의 신라가 공존한다고 해서 '남북국 시대'라고 부른단다.

발해는 대조영, 즉 고왕 때부터 총 15대에 걸쳐 230년간 번영했어. 하지만 오늘날까지 전해지는 역사는 그리 많지 않아. 926년 거란에 의해 멸망하면서 수도가 모두 불에 타 버렸기 때문이지.

발해의 역사는 이쯤 살펴보기로 하고, 다시 한반도 안으로 들어갈까? 대조영이 발해를 세우기 17년 전인 681년, 신라에서는 31대 신문왕이 등극했어. 신문왕은 문무왕의 아들이야. 통일 후의 신라 제도를 확실히 다진 인물이지.

신문왕, 통일신라의 기틀을 잡다

통일신라는 해야 할 일이 많았어. 왕권이 약해지는 걸 막으려면 귀족들의 권력을 잘 통제해야 하겠지? 고구려와 백제 유민을 잘 보듬는 것도 숙제였어. 다행히 신문왕은 이런 문제를 잘 풀어나갔단다. 덕분에 통일신라의 기틀이 확 잡혔어.

신문왕은 정치 체제부터 정비했어. 귀족들의 회의체인 화백회의를 약화시키고, 왕의 직속기관인 집사부를 강화시켰어. 화백회의 의장인 상대등은 약해졌고, 집사부의 우두머리인 시중이 강해졌지. 자신에 반대하는 귀족, 특히 외척의 진골 세력은 확실하게 제거했어. 심지어 반란을 모의했다며 장인도 처형해버렸단다. 왕비는 내쫓았지. 귀족들이 벌벌 떨었겠지?

신문왕의 다음 타깃은 군대였어. 자신의 측근들을 장군에 임명했어. 중앙정부를 보호하기 위해 9서당이란 중앙군을 뒀어. 이와 별도로 지방에는 10정을 뒀지.

개혁은 계속됐어. 682년에는 국학을 세웠어. 6두품 이하의 학자들을 양성하기 위한 학교야. 신문왕은 국학 출신의 학자들이 성장해 왕의 친위 세력이 돼 줄 것을 바라고 있었어. 약 100여 년 후(788년)에는 국학 출신 학자들에게 시험을 보게 해 관리로 임명하는 독서삼품과도 실시된단다.

신문왕은 행정구역도 대대적으로 정비했어. 전국을 9주5소경으로 나눴어. 수도는 통일 이전과 마찬가지로 금성(경주)에 뒀어. 오늘날의 직할시에 해당하는 5소경은 고구려와 백제 영토에도 골고루 설치했어. 금관경(김해) · 남원경(남원) · 서원경(청주) · 중원경(충주) · 북원경(원주)이 5소경이란다.

이제야 통일신라의 골격이 어느 정도 만들어진 것 같지 않니? 자, 마지막 개혁이 남았어. 689년 신문왕은 녹읍을 폐지했단다. 녹읍은 귀족들에게 주는 땅이야. 관료가 돼서 일을 하지 않아도 귀족이라면 누구나 녹읍을 받았어. 녹읍이 있기에 귀족들은 항상 경제적으로 넉넉할 수 있었지.

신문왕은 이 녹읍을 폐지하는 대신 현직 관료들에게 '관료전'이란 땅을 줬어. 때로는 직급에 따라 곡식을 나눠주기도 했어. 땅을 못 받게 된 귀족들의 입이 튀어나왔겠지? 하지만 강력한 왕에게 저항할 귀족은 없었어. 이때의 개혁을 바탕으로 훗날(722년) 16~60세의 모든 농민에게 '정전'을 지급해 농사를 짓게 한단다.

어쨌든 신문왕 덕분에 통일신라는 산뜻하게 출발했어. 그 이후로 한동안은 태평성대의 시대가 열린단다.

가장 두드러진 특징 중 하나가 불교문화의 발달이야. 불교를 빼고 신라를 논할 수 없을 정도가 됐어. 오죽하면 통일신라를 불교 국가라고 말하겠니? 오늘날까지 걸작으로 남아 있는 불국사와 석굴암이 모두 통일신라 때 만들어진 거란다.

신라에서 불교가 본격적으로 발달하기 시작한 시점은 통일 전쟁을 전후해서야. 당시 많은 승려들이 불교를 배우기 위해 당나라로 유학을 떠났지. 그런 승려 가운데 한 명이 **원효**야.

불교 대중화를 이뤄낸 원효

661년 원효는 의상과 함께 중국에서 불교를 배우기로 하고 당항(경기 화성)으로 향했어. 그곳에서 중국행 배를 탈 요량이었지.

충청남도 천안 부근에 이를 때 장대비가 퍼부었어. 날도 어두워졌지. 다행히 동굴이 하나 보였어. 두 스님은 그곳에서 하룻밤을 청했어. 얼마나 시간이 흘렀을까? 원효가 목이 말라 잠에서 깼어. 더듬거리는 손끝에 동그란 그릇이 잡혔어. 그 안에는 물이 들어 있었지. 갈증을 달랜 원효는 다시 잠을 청했어.

다음날 원효는 머리맡에 있는 해골을 발견했어. 자신이 마신 물이 해골 안에 고여 썩은 물이었다니! 몰랐을 때는 달디단 물이었는데…. 속이 메스거렸어. 토악질을 시작했지. 토악질을 하면서 원효는 깨달음을 얻었어. 바로 일체유심(一切唯心)이야. 세상의 모든 것은 마음에서 비롯된다는 뜻이지. 쉽게 말하자면, 뭐든지 마음먹기에 달려 있다는 얘기야. 이 일체유심을 바탕으로 해서 나온 게 화쟁 사상이야. 모든 게 한마음에서 나오기 때문에 여러 불교 종파가 대립하거나 갈등할 필요가 없다는 이념이지.

그렇다면 굳이 중국까지 가서 공부할 필요가 있을까? 마음먹기에 달려 있는데? 원효는 의상에게 "당나라에 가지 않겠다!"고 했어. 의상도 원효의 결심이 워낙 확고해 말릴 수 없었어. 의상은 홀로 당나라로 떠났단다.

그 후 원효는 어떤 삶을 살았을까? 때로는 절에 머물며 불경을 연구하고, 때로는 저자 골목의 어중이떠중이들과도 어울렸어. 산에 들어가 참선을 하기도 했지. 불교 규율에 얽매이지 않는 '자유로운' 승려의 삶을 살았어.

자유의 절정은 결혼이었어. 스님이 결혼을 하다니! 원효는 태종무열왕의 딸인 요석 공주와 혼인을 했어. 요석 공주는 이 무렵 남편을 잃은

과부였단다. 어쨌거나 스님이 속세의 여성을 아내로 맞는 것은 심각한 규율 위반이야. 하지만 이게 끝이 아니야. 아들까지 낳았어! 그 아들이 이두 문자를 만든 유학자 설총이야. 아버지와 아들이 각자 다른 길을 걸었지만, 모두 우리 역사에서 큰 족적을 남긴 셈이지.

그 후 원효는 스스로 스님의 옷을 벗고 파계승이 됐어. 이때부터 그는 스님이 아닌, 일반인 신분으로 불교의 대중화에 헌신했단다.

사실 이때의 불교는 귀족적이었어. 신도들도 대부분 귀족이거나 왕실 사람들이었지. 교리도 어렵고, 절차도 까다롭고, 내용도 복잡하니 일반 민중에게 불교는 가까이 하기엔 너무 먼 종교였던 거야.

원효는 불교 교리를 쉽게 풀었어. 실천 방법도 아주 간단했어. '나무아미타불 관세음보살'만 읊으라는 거야. 원효는 귀천에 관계없이 이 염불만 외면 누구나 극락에 갈 수 있다고 했어. 정말 쉽지 않니? 이 말은 "극락을 관장하는 아미타불과 중생을 구제하는 관세음보살에게 나의 몸을 의지한다"란 뜻이야. 신라 전역에 이 염불 소리가 울려 퍼졌어.

그 후 혜초란 승려는 인도에 다녀와서 왕오천축국전을 썼고, 김대성은 불국사와 석굴암을 지었어. 원효의 노력이 있었기에 신라인의 불교 신앙이 돈독해질 수 있었던 거고, 그 결과 이런 작품이 나온 셈이야.

아참, 홀로 당으로 유학을 떠난 의상은 어떻게 됐을까? 그는 당에서 10여 년간 화엄종을 공부했어. 귀국해서는 해동 화엄종을 창시하고, 부석사 등 여러 사찰을 지었지. 원효와 방법은 다르지만 의상도 불교 발전에 크게 기여한 셈이지.

8세기부터 통일신라는 쇠퇴기로 접어들게 됐는데 의상과 같은 해외파 중 일부가 두드러진 활약을 보이기 시작했어. 대표적인 인물이

장보고야. 그는 당에서 벼슬을 지냈다가 귀국한 뒤 신라를 해상강국으로 만들었단다. °

장보고와 함께 무너진 해상제국의 꿈 °

장보고의 어린 시절에 대해서는 알려진 게 별로 없어. 해안가에서 살았고, 무술을 잘 했다는 정도? 또 당으로 넘어가 병사가 된 이후 승진에 승진을 거듭해 고위직에 올랐다는 정도? 장보고의 유년에 대해 알려진 것은 대략 이만큼이야.

8세기 후반 신라는 혼란으로 빠져들었어. 왕권은 다시 약해졌어. 진골 귀족들은 대놓고 왕위 다툼을 벌였지. 정치가 엉망이니 지방의 호족들은 군대를 키워 중앙정부를 위협했어. 호족의 힘이 커지거나 말거나 귀족들 끼리의 싸움도 그치지 않았어. 정치는 개판이 돼 버렸지.

해안가엔 해적들이 득실댔어. 해적들은 마을을 약탈한 뒤 양민들을 당나라로 끌고 가 노예로 팔았어. 당에서 벼슬을 하고 있던 장보고가 그 광경을 목격했지. 고국 동포들이 머나먼 당나라로 끌려와 노예로 팔리는 모습에 장보고는 큰 충격을 받았단다.

장보고는 당장 귀국해 흥덕왕을 찾아갔어. 해적 소탕 임무를 자기에게 맡겨달라고 청했어. 해적 문제로 골머리를 앓던 참인데, 마다할 이유가 없지? 828년 흥덕왕은 군사 1만을 내주며 장보고를 청해진(완도)의 대사로 임명했단다. 청해진 대사는 신라 해군을 총괄하는 최고사령관이라고 보면 돼.

장보고는 금세 해적들을 소탕했어. 서해안이 평화를 되찾았어. 만약 이쯤에서 장보고가 만족했다면 그를 '바다의 왕'이나 '해상 왕'이라고 부르지는 않았을 거야. 진짜 활약은 지금부터라고 할 수 있어.

청해진은 동북아시아 무역에서 아주 중요한 곳이야. 당나라와 일본을 연결하는 중간 지점이었지. 이곳을 장악하면 세 나라를 연결하는 국제 무역이 훨씬 수월해지지. 정말로 장보고는 청해진을 장악한 이후 동북아시아 국제 무역을 주도하기 시작했단다.

장보고는 중국 산둥 반도에도 거점을 만들었어. 신라인들이 많이 사는 이곳에 법화원이란 절을 지었어. 이곳을 동북아시아 해상 무역의 전진 기지로도 활용했지.

얼마 지나지 않아 장보고는 국제적 거물이 됐어. 독자 군대도 가지고 있었으니 신라 왕족과 귀족들도 무시할 수 없겠지? 오히려 그에게 잘 보이려고 애쓸 정도였단다.

또 왕위를 놓고 치열한 다툼이 벌어졌어. 경쟁자에게 밀린 김우징이란 왕족이 청해진으로 도망 왔지. 장보고는 그를 받아주고, 보호해줬어. 이 사건이 장보고가 본격적으로 정치에 개입한 계기가 됐단다.

839년 김우징은 장보고 군대를 동원해 왕위에 올랐어. 바로 신라 45대 신무왕이야. 신무왕은 장보고를 감의군사에 임명했지. 군사를 총지휘하는 막중한 벼슬이야. 이제 군대를 완전 장악했으니 장보고를 넘볼 사람은 없었어.

신무왕은 채 1년을 넘기지 못하고 병으로 세상을 떠났단다. 이어 그의 아들이 문성왕이 됐지. 장보고는 문성왕에게 자신의 딸을 둘째 부인으로 맞으라고 했어. 권력에 대한 욕심이 매우 강해졌다는 사실을 알겠지?

이게 화근이 됐어. 경주 귀족들은 장보고를 그냥 둬선 안 되겠다고 생각했지. 귀족들은 그 결혼을 반대했어. 장보고가 머리끝까지 화가 났어.

누구 덕분에 왕이 됐는데…. 장보고는 반란을 계획했지만 그전에 귀족이 보낸 자객에게 암살되고 말았단다.

장보고의 죽음과 함께 청해진도 폐기됐어. 청해진은 흔적도 없이 사라져버렸지. 만약 장보고가 정치에 개입하지 않았다면 신라가 강력한 해상 왕국으로 성장했을지도 몰라.

혹시 장보고도 신라를 개혁하려고 정치에 뛰어들었던 게 아닐까? 물론 추측일 뿐이야. 해외파 유학자 가운데 진심으로 신라 개혁에 뛰어든 인물은 따로 있어. 바로 **최치원**이야.

실패한 6두품 개혁가 최치원

875년 당나라에서 황소의 난이 일어났어. 반란군은 수십만 대군으로 불어났고, 수도인 장안도 점령했어. 이 반란은 당이 멸망하는 결정적 계기가 됐지.

황소가 장안을 점령하고 황제에 오른 직후인 881년이었어. 토벌대의 한 종사관이 황소를 비판하는 '토황소격문'을 썼어. "어리석은 자는 이치를 거스르기 때문에 패한다. 미련한 짓을 그만 하고, 하루속히 방책을 마련하라"며 황소를 꾸짖었어. 황소가 침상에서 읽다가 놀라서 굴러 떨어졌다는 일화가 있을 만큼 훌륭한 문장이란 평가를 받는 글이지.

이 글을 쓴 인물은 신라인 최치원이었어. 4세에 글을 깨쳤고, 10세에 사서삼경을 독파한 천재였지. 하지만 큰 약점이 있었어. 그의 가문이 6두품이란 점이야. 골품제 하에서 6두품은 전체 17관등 중 6번째 관등인 아찬(오늘날의 차관)까지만 오를 수 있었단다. 아무리 능력이 뛰어나도 장관은 못 하는 거야.

최치원이 12세의 어린 나이에 당으로 유학을 간 것도 이 때문이었어. 당에서 벼슬을 해 꿈을 펼치려는 거지. 사실 최치원만 그런 게 아니었어. 많은 6두품이 같은 목적으로 당나라 유학길에 올랐단다.

참고로 말하자면, 6두품 가운데 유명한 학자들도 많아. 가령 강수는 당에 보내는 외교 문서를 전담했으며 뛰어난 문장가라는 평을 받았어. 원효의 아들로, 이두를 정리하고 유교 경전을 우리말로 풀어 쓴 설총도 6두품이었단다.

어쨌든 최치원은 유학 6년째인 874년, 외국인이 응시하는 빈공과라는 과거 시험에 장원으로 합격했어. 그 후 출세 길이 열렸어. '토황소격문'을 발표한 후에는 스타로 떠올랐어. "황소의 난 진압의 일등 공신은 토황소격문이다"라는 말까지 나돌았을 정도야. 황제는 정5품 이상의 벼슬에만 하사하는 '자금어대'라는 붉은 주머니를 그에게 하사했단다.

884년 최치원이 17년간의 외국 생활을 청산하고 귀국했어. 신라 헌강왕은 그를 한림학사로 임명했어. 정치를 개혁하고 왕권을 강화하기 위해 최치원을 옆에 두고 조언을 얻으려 했던 거야. 하지만 헌강왕이 이듬해 세상을 떠나자 진골 귀족들은 최치원을 변방으로 쫓아냈어.

887년 진성여왕이 51대 왕위에 올랐어. 진성여왕은 신라를 다시 일으키려고 애썼어. 지식인들의 개혁 요구도 받아들였지. 894년 최치원은 시무10조라는 개혁안을 올렸어. 그 내용은 전해지지 않아. 아마 유교적 개혁 내용을 담았을 거라 전해져. 골품제와 같은 비합리적인 신분제를 폐지해야 한다는 주장도 있었을 것으로 추정돼.

진성여왕은 최치원의 손을 들어줬어. 10년 가까이 시골 지역으로만 떠돌아다니던 최치원은 아찬에 임명됐어. 본격적인 개혁이 시작되는 걸까? 아니야. 진골 귀족들의 방해가 집요했어. 결국 최치원은 관직을 반납하고 귀향했어. 신라 개혁도 물거품이 되고 말았지.

진성여왕도 그 후 타락했어. 상주 지역에서 원종과 애노의 반란이 일어났는데, 이 반란을 시작으로 전국에서 농민들이 들고 일어났어. 지방 호족들도 중앙정부를 인정하지 않고 독립을 선언하기 시작했어. 그러나 중앙정부는 아무런 일도 하지 못했단다.

이 무렵 지방 호족은 눈부시게 성장했어. 마침 도선의 풍수지리설도 크게 인기를 끌었지. 서울도 중요하지만 지방도 아주 중요하다는 생각이 확산됐어. 게다가 불교 또한 개인의 깨달음을 중시하는 선종이 유행하기 시작했지. 이 모든 것은 지방 호족의 성장에 큰 도움을 줬단다.

이런 호족 가운데 대표적 인물이 아자개, 기훤, 양길이야. 특히 아자개의 세력이 가장 컸어. 그의 아들이 바로 **견훤**이야.

견훤, 후백제 세우다

견훤이 아직 젖먹이였을 때였어. 아버지와 어머니가 모두 나가는 바람에 견훤이 홀로 방치돼 있었는데 갑자기 호랑이가 나타났어. 그런데 웬걸. 호랑이는 견훤을 잡아먹지 않고, 젖을 먹인 다음 사라졌어.

이 내용은 『삼국사기』에 수록된 거야. 물론 사실은 아니겠지. 하지만 견훤이 어떤 인물이었는지 짐작하는 데 도움은 될 거야. 견훤이 호랑이처럼 용맹했고 담대했다는 뜻이겠지. 요즘 말로 견훤은 상당히 사나이다웠어. 주변에는 늘 무인들이 들끓었지.

피가 끓어오르는 젊은 혈기를 견훤과 친구들은 누르지 못했어. 썩은 신라 조정을 더 이상 믿고 따를 수 없다고 생각했어. 그렇다면? 그래, 모험을 선택했단다.

견훤은 진성여왕 통치 6년째인 892년에 봉기했어. 병사들이 하나둘씩 몰려들더니 이내 5천여 명에 이르렀지. 견훤은 이들을 이끌고 한반도 남서부를 휩쓸고 다녔단다. 견훤은 여러 성을 함락시켰고, 마침내 무진주(광주)까지 점령했어. 당장 건국을 선포하지는 않았지만, 왕국의 기반은 이미 어느 정도 닦아 놓았지.

견훤이 오늘날의 전라도 지역에서 힘을 키우고 있었지만 원래 그는 상주(경북 문경)에서 태어났어. 일찍부터 서남해안에서 비장으로 근무하면서 이곳과 인연을 맺은 거야. 비장이 대단한 벼슬은 아니었던 것 같아. 하지만 견훤이 원래 신라의 벼슬아치였다는 사실은 흥미로운 대목이야.

진성여왕에 이어 효공왕이 등극하고 4년이 지난 900년이었어. 견훤이 완산주(전주)에 입성했어. 바로 이곳에서 견훤은 새 왕국의 수립을 선포했어. 그 나라가 바로 후백제야. 백제의 기상을 잇겠다는 뜻이지.

1년 후에는 궁예가 후고구려의 건국을 선포했어. 이때부터 한반도는 새로운 삼국 시대, 즉 후삼국 시대로 돌입했단다. 물론 당장 후백제와 후고구려가 전면 충돌하지는 않았어. 두 나라는 각기 국가의 기틀을 다지면서 영역을 확대하는 데 주력했지. 그러니 어느 나라가 더 강했느냐를 따지기는 쉽지 않아.

그래도 굳이 한 나라를 들라면 견훤의 후백제를 꼽을 수 있어. 견훤은 후백제의 건국을 선포함과 동시에 체제를 정비했거든. 국제적으로 인정을 받기 위해 중국의 오나라, 월나라와 국교를 맺었지. 게다가 견훤이 워낙 용맹했기에 그를 따르는 장수들도 많았어. 군사력도 후고구려를 앞섰다는 얘기야.

반면 후고구려는 곧 휘청거렸어. 왜 그랬을까? 왕인 궁예에게 문제가 있었어. 궁예의 삶은 어쩌면 견훤보다 더 파란만장했던 것 같아. 비극의 주인공이라 할 수 있지.

궁예, 혁명가인가 독재자인가

궁예는 신라의 버려진 왕족 혈통으로 전해지고 있어. 궁예는 신라를 아주 싫어했단다. 궁예는 처음에 리더가 아니었어. 견훤과 비교하면 한참 후발주자였지.

북원(강원 원주)에서 양길이 반란을 일으켰어. 양길은 곧 북원 일대를 장악했어. 하지만 참모가 없었어. 모름지기 대업을 이루려면 전략가가 있어야지. 양길은 견훤이 무진주를 장악한 892년에야 번듯한 참모를 얻었단다. 바로 궁예야. 궁예가 합류하면서 양길의 세력은 급속하게 커졌어. 머지않아 강원도, 경기도, 황해도 일대를 장악했단다.

그러나 양길의 그릇은 너무 작았어. 기껏해야 산적 두목에 지나지 않았어. 그러니 새 왕국에 대한 구상이나 국가 비전 따위가 있을 리가 없지. 궁예는 고민했어. 사람들도 독립을 권했지. 송악(개성)에서 해상 무역으로 큰 부자가 된 왕씨 호족도 궁예를 지지했단다.

898년 마침내 궁예가 독립을 선언했어. 많은 호족이 그를 지지하기 시작했지. 양길의 밑에 있던 장수들도 속속 궁예의 밑으로 이동했어. 곧 궁예도 탄탄한 진영을 갖추게 됐지.

900년 견훤이 완산주에서 후백제의 건국을 선포했어. 궁예도 가만 있을 수가 없었겠지? 901년 궁예는 후고구려를 선포했어. 후삼국 시대가 본격 시작됐지만 두 나라는 서로 싸우기보다 신라의 땅을 야금야금 빼앗았단다.

904년 궁예가 나라 이름을 '마진'으로 바꿨어. 911년에는 '태봉'으로 또 바꾸었지. 여러 기록에 따르면 이때부터 궁예가 폭군으로 돌변했어. 궁예가 처음 등장했을 때 민중들은 "미륵이 나타났다!"며 반겼어. 그랬던 궁예가 어쩌다 미치광이 폭군이 된 것일까?

최근에는 고려 건국 세력이 궁예를 폭군으로 '왜곡'한 것 아니냐는 주장이 힘을 얻고 있단다. 무슨 말이냐고?

태봉으로 나라 이름을 바꾸면서 궁예는 강력한 중앙집권제로의 개혁을 추진했어. 호족들은 당연히 반발했어. 중앙집권제가 강력해지면 왕권만 강해지니까! 신하들이 반발하니 궁예가 아주 신경질적으로 변했을 거야. 자신에 반대하는 사람들을 처형하기 시작했어. 호족들은 "궁예가 미쳤다!"고 수군거렸어. 왕과 호족의 갈등이 극에 달한 셈이야.

호족들에게 궁예는 이미 독재자이자 미치광이에 불과했어. 결국 호족들은 반란을 꾸미기 시작했지. 그래, 왕을 제거하기로 한 거야.

918년 여러 호족과 장수들이 반란을 일으켰어. 그들이 리더로 추대한 인물은 2인자였던 왕건이었지. 반란은 성공했어. 궁예는 축출되고 **왕건**이 왕위에 올랐지. 고려가 탄생한 거야!

꼬리에 꼬리를 무는

한국사 韓國史 ~~~~~~~~~~~~~~~~
인물
이야기

3장

고려 시대

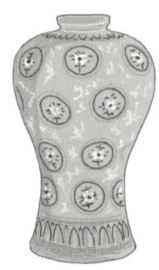

고려 태조 왕건, 천하를 하나로!

고려 태조 왕건은 송악 호족 왕륭의 장남으로 태어났어. 왕륭은 궁예에게 송악을 내주고 충성을 맹세했지.

궁예의 밑으로 들어간 왕건은 여러 차례 후백제와 전투를 벌였어. 왕건의 집안은 해상 무역을 오래 해왔어. 그 노하우를 활용해 물길을 이용한 공격을 벌였지. 남쪽으로 내려가, 아래에서부터 후백제를 공격하자는 전략이 적중했어. 왕건은 전라남도 나주 지역에 근거지를 확보하는 데 성공했단다. 후백제는 남북으로 협공당하는 꼴이 돼 버렸어.

왕건은 후백제와의 전투에서 혁혁한 공을 세웠을 뿐 아니라 인품도 훌륭했어. 궁예도 왕건을 전폭적으로 신임해 913년 시중에 임명했어. 왕건이 2인자가 된 거야.

얼마 지나지 않아 궁예가 폭군으로 돌변하자 918년 호족들이 반란을 일으켰어. 신숭겸, 홍유, 복지겸, 배현경이 반란을 주도했어. 성공! 이들은 왕건을 왕으로 추대했어. 나라 이름은 고려로 정했지. 고구려를 계승하겠다는 뜻이야. 연호도 지었어. 반란이 아니고 하늘의 명을 받은 혁명이라는 뜻을 담아 천수(天授)라고 했어.

이듬해 왕건은 송악으로 수도를 옮겼어. 근거지라서 든든했겠지?

이어 호족들을 포섭하기 시작했어. 호족의 딸을 부인으로 맞았고, 딸이 없는 호족에게는 왕씨 성을 하사했지.

고려가 점점 안정돼가는 것 같니? 하지만 이 순간에도 후백제는 신라를 강력하게 밀어붙이고 있었어. 920년에는 신라의 대야성, 924년에는 조물성을 공격했어. 그리고 마침내 927년 견훤은 신라의 수도 경주를 습격했단다.

이때 신라의 경애왕은 포석정에서 잔치를 벌이고 있었어. 신라는 급히 고려에 도움을 요청했지만 소용이 없었어. 후백제 병사들이 닥치는 대로 약탈을 하고 사람을 죽였어. 이윽고 경애왕이 견훤 앞에 끌려왔어. 견훤은 한심하다며 자결을 명했지. 경애왕은 한탄하다가 스스로 목숨을 끊었단다. 견훤은 새로운 왕의 자리에 경순왕을 앉히고 철수 명령을 내렸어.

뒤늦게 태조가 기병 부대를 이끌고 달려왔어. 퇴각하는 후백제 군대를 공산(오늘날 대구)에서 칠 작정이었지. 하지만 견훤이 이미 전략을 읽었어. 오히려 고려군이 포위돼 버렸어. 이 공산 전투는 후백제의 대승으로 끝났어. 태조도 간신히 목숨을 건졌단다.

고려가 전세를 역전시킨 계기는 930년의 고창(경북 안동) 전투였어. 연일 후백제군이 승리를 거두고 있던 때였어. 솔직히 태조도 자신이 없었을 거야. 그러나 결과는 뜻밖이었지. 후백제는 8천여 명의 병사를 잃었어. 고려가 대승을 거둔 거야!

승리의 비결은 신라 호족들에 있었어. 경주의 만행을 기억하고 있는 그들이 일제히 고려를 지원했던 거란다. 고창 전투가 끝난 직후 30여 개 군현이, 얼마 지나지 않아서 다시 110여 개의 성이 추가로 고려에 항복했어. 민심이 고려로 기울었음을 알 수 있겠지?

얼마 후 백제에서 큰 사건이 터졌어. 견훤이 후궁의 자식 금강을 후계자로 정하자 장남인 신검이 반란을 일으킨 거야. 신검은 견훤을 금산사에 가뒀어. 견훤은 모든 것을 포기하고 고려로 달아났지. 왕건은 그런 견훤을 극진히 맞아들였단다. 한때 적이었지만 이제 동지가 됐으니 상부(尙父)로 모셨어. 양주 땅도 식읍으로 줬어.

태조에게 겹경사가 찾아왔어. 935년 신라의 마지막 왕 경순왕이 고려를 찾아와 항복의 예를 갖춘 거야. 천년 왕국 신라가 역사 속으로 사라지는 순간, 더불어 후삼국 통일의 빛이 보이는 순간이기도 하지.

936년 태조가 후백제에 대해 총공격령을 내렸어. 고려군은 일선군(경북 구미 선산)으로 진격했고, 일리천이란 하천을 사이에 두고 후백제군과 격돌했어. 고려의 승리! 마침내 고려가 한반도를 통일한 거야.

통일 후 태조는 북진 정책을 강력하게 추진했어. 발해를 멸망시킨 거란족을 원수로 규정했고, 여진족을 공략했지. 고구려의 옛 수도인 평양을 서경으로 격상시킨 뒤 북진 정책의 전진기지로 삼았어. 태조 말년에는 청천강에서 영흥만에 이르는 고구려 영토 일부를 되찾을 수 있었단다.

태조는 또 불교를 숭상했고, 백성의 화합을 추진했어. 옛 백제계 유민, 신라 유민, 발해 유민을 모두 포용하려 했지. 물론 지방 호족들을 같은 편으로 끌어들이는 것도 잊지 않았어. 태조가 6명의 왕후를 포함해 총 29명의 부인을 맞은 것도 이 정책의 일환이었어. 호족들이 배신하지 못하도록 그 가문의 딸과 정략결혼을 한 거야.

사실 아직까지는 호족의 세력이 아주 강했단다. 호족들이 배신하겠다고 마음만 먹으면 언제든지 고려는 위기에 놓일 수 있지. 그러니 태조는 호족의 눈치를 볼 수밖에 없었어.

물론 호족의 가족을 수도로 불러 인질로 잡아두는 기인 제도를 운영하긴 했어. 그래도 왕권이 약했다는 사실이 바뀌지는 않아. 왕권이 강력해진 것은 4대 국왕 광종 때부터란다. **광종**은 고려의 기초를 다진 사실상 고려의 건국자라는 평가를 받고 있어.

고려 제도 정비한 강력한 왕, 광종

943년 태조가 세상을 떠났어. 그 뒤를 이은 2대 혜종과 3대 정종은 호족들의 권력다툼에 휘말려 제대로 된 정치를 펼치지도 못했지. 949년 태조의 아들 왕소가 왕위에 올랐어. 이 왕이 광종이야.

광종도 개혁을 열망했어. 그러나 왕권이 강해질 때까지는 섣불리 움직였다가 호족에게 당할 수 있지. 광종은 호족의 비위를 맞추며 7년을 참았어. 호족들은 경계심을 늦췄어.

물론 7년간 광종이 허송세월을 한 건 아니야. 본격 개혁을 위한 사전 작업을 진행했지. 개국 공신을 정리한 게 대표적이야. 개국 공신을 몇 등급으로 나눠 곡물의 양을 달리 지급했어. 물론 공이 높은 사람은 많은 곡물을 받았겠지? 광종은 이 작업을 통해 자신에게 충성하는 신하들을 골라냈단다.

자, 7년이 지났어. 왕에 충성하는 신하도 늘었어. 마침내 광종이 '호족과의 전쟁'을 선포했지! 956년 광종은 노비안검법을 전면 실시했어. 전쟁 기간에 노비로 전락한 평민들을 모두 풀어주라는 내용이었지. 호족에게 타격이 컸어. 호족들은 노비에게 농사를 시켜 경제력을 키웠고, 노비를 훈련시켜 사병으로 삼았거든. 그런 노비가 줄어드니 타격이 클 수밖

에 없지.

　당연히 호족들이 반발했겠지? 광종은 더 강력하게 밀어붙였어. 2년 후인 958년, 노비안검법에 버금가는 또 하나의 '개혁 폭탄'을 터뜨렸어. 바로 과거제도의 실시야.

　그전까지 중요한 벼슬은 호족 가문이 모두 차지했어. 5품 이상의 경우 시험 없이 관직을 얻을 수 있었는데, 이를 음서 제도라고 했어. 그들은 공음전이란 땅도 공짜로 받았단다. 은퇴할 때가 되면 자식에게 관직과 땅을 모두 물려줬어. 이 풍토를 뜯어고치려면 관리를 뽑는 제도부터 개혁해야 한다고 생각했던 거야. 광종은 중국 후주 출신인 쌍기를 발탁해 과거 제도를 만들도록 했어. 그 결과 문관을 뽑는 제술과와 명경과, 기술관을 뽑는 잡과, 승려를 뽑는 승과 등 과거 시험이 시행됐어. 무관을 뽑는 무과 시험은 고려에 없었단다.

이제 호족의 권력은 약해졌고, 왕권은 강해졌어. 광종은 스스로를 황제라 불렀어. 수도 개경은 황도라 불렀지. 광덕이나 준풍과 같은 연호도 사용했어. 광종의 자신감을 엿볼 수 있는 대목이야.

하지만 불행히도 광종은 말년으로 갈수록 잔인하게 변했어. 반발하는 호족들은 모두 숙청했고, 가족까지 처형해버렸어. 그래도 광종 덕분에 고려의 기틀이 잡힌 점은 인정해야 할 거야.

과거 시험을 관장하는 벼슬을 '지공거'라고 했어. 광종 통치 시절, 8회의 과거 시험이 있었어. 쌍기를 비롯해 고려에 귀화한 외국인이 주로 이 벼슬을 맡았지. 국내 유학자들은 못마땅했을 거야. 그들은 "지공거를 맡아야 할 인물은 따로 있다"고 말했어. 그 인물이 누굴까? 바로 최승로야.

최승로는 고려 유학자들의 리더였단다. 광종이 귀화인을 특히 우대하는 바람에 중앙 정치에서 밀려나 있었지. 하지만 능력이 출중한 사람은 언젠가는 빛이 나기 마련이야. **최승로** 또한 그랬어.

고려의 유교 통치이념을 정립한 **최승로**

최승로는 신라의 6두품 가문 출신이야. 태조 왕건과는 12세 때 처음 만난 것으로 알려져 있어. 당시 태조는 그를 천재라고 생각했어. 상을 내리고 왕의 칙서를 담당하는 원봉성(학사원)에서 공부하도록 해줬지. 이곳에서 근무하는 학자들을 한림학사라 불렀는데, 이들은 당대 최고의 지식인이었단다.

기대를 한 몸에 받으면서 성장했지만 최승로는 광종 시절 크게 성공하지 못했어. 광종이 귀화인을 총애하는 바람에 쌍기에게 밀렸지. 사실 최승로뿐 아니라 국내 학자들은 설 자리가 별로 없었어. 순수 국내파인 최승로는 마흔이 될 때까지 두각을 나타내지 못했단다.

광종 통치 후반부, 비로소 최승로가 주목을 받기 시작했어. 광종이 그를 발탁해서? 아니야. 능력 있는 젊은 유학자들이 과거 시험을 통해 조정에 들어갔기 때문이야. 그 젊은 학자들에게 최승로는 대유학자였거든. 하지만 광종은 끝내 최승로를 요직에 임명하지 않았단다. 그는 여전히 '숨어 있는 재야의 고수'에 불과했어. 정치 거물과는 거리가 멀었지.

975년 광종이 세상을 떠나자 경종이 5대 국왕이 됐어. 하지만 경종은 6년 만에 세상을 떠나고 말았지. 이어 성종이 981년 즉위했고 마침내 최승로가 벼슬길에 올랐어. '정광행선관어사상주국'이란 벼슬이었는데, 종2품에 해당하는 고위직이었어.

성종은 정5품 이상에게 시무책을 제출하라고 했어. 시무란 국가가 해야 할 중대한 업무란 뜻이야. 쉽게 말해, 신하들에게 "좋은 정책을 내놓아라!"고 명령한 거지. 기다렸다는 듯이 최승로가 28조에 이르는 긴 시무책을 올렸어. 이게 바로 '시무28조'야. 총 28개 조항 가운데 현재 전하는 것은 22개 조항이야. 6개 조항은 아직도 못 찾았단다.

시무28조에는 불교의 폐단을 지적하는 내용이 상당히 많아. 이를테면 이런 식이야. "승려의 사채업을 금지해야 한다. 승려의 횡포를 막아야 한다. 연등회와 팔관회 행사를 크게 줄여야 한다. 백성을 동원해 절을 짓지 못하게 해야 한다. 사치스런 불경과 불상을 못 만들도록 해야 한다."

시무28조는 궁극적으로 유교 정치를 지향하고 있어. 다음과 같은 조항에서 이 사실을 알 수 있지. "불교를 억제하고 유교를 장려해야 한다. 관복을 제정해야 한다. 군주는 덕을 베풀어야 하며 사심이 없어야 한다. 신분을 엄격히 구분해야 한다."

어느덧 나이 60을 바라보는 늙은 신하의 이 상소를 성종은 기꺼이 받아들였어. 그뿐 아니라 최승로를 정2품 문하시랑평장사로 승진시켰지. 성종은 최승로를 항상 자신의 옆에 있도록 했어. 정치 자문을 받기 위해서 말이야.

최승로는 거물 정치인이 됐어. 하지만 권력을 남용하지는 않았지. 그의 목적은 단 하나, 고려를 유교 국가로 발돋움시키는 것뿐이었단다. 이를 위해 새로운 제도를 만들고, 기존 제도를 정비했어. 이런 노력 덕분에 고려는 확실하게 유교 국가로 자리매김했단다.

그러나 이 모든 업적도 성종의 지원이 있었기에 가능했어. 만약 성종이 그를 믿지 않았다면 최승로의 업적은 빛을 잃었을 수도 있어.

시무28조에서 최승로는 왕의 자세에 대해 "왕은 교만해서는 안 되며 신하를 대할 때 공손해야 한다. 함부로 처벌하지 말고 법에 따라 죄의 가볍고 무거움을 먼저 따져야 한다!"고 적었단다. 이 '무례'를 너그러이 봐주고 자신의 참모로 기용한 **성종**도 대단하지 않니?

성종, 고려를 유교 국가로 만들다

성종은 고려를 유교 국가로 전환한 왕이야. 물론 과거 제도를 도입하고 왕권을 강화시킨 광종의 노력이 밑거름이 됐어. 성종은 더 나아가 유교를 통치이념으로 삼았단다. 덕분에 국가 기구도 유교적으로 확 탈바꿈했지.

당의 중앙 조직은 3성6부제로 돼 있어. 정책을 만드는 중서성, 그 정책을 심의하는 문하성, 정책을 시행하는 상서성이 3성이야. 6부는 이부(인사 담당), 호부(재정 담당), 예부(교육 담당), 병부(군사 담당), 형부(법률 담당), 공부(건설 담당)야.

성종은 이 조직구조를 벤치마킹해 고려를 2성6부로 편성했단다. 2성은 중서문하성과 상서성으로 구성했어. 중서문하성은 정책을 건의하고 결정하는 역할을 했지. 중서문하성의 우두머리를 문하시중이라고 했어. 오늘날로 치면 국무총리 정도의 지위라고 할 수 있지. 왕에 이은 2인자야.

상서성은 정책을 집행하는 기관이었어. 그 밑으로 6부를 뒀는데, 서열이 당나라와 조금 달랐어. 이-호-예-병-형-공이 아니라 이-병-호-형-예-공의 순이었지. 전통적으로 관료를 임명하는 역할은 중요하게 여겼어. 그러니 이부가 서열 1위였어. 서열 2위로 당나라는 재정 분야를 둔 반면 고려는 군사 분야를 뒀어. 국방에 상당한 비중을 둔 거지.

그 밖의 다른 기관들도 좀 볼까? 사헌부는 오늘날의 언론 역할을 했어. 중추원은 왕의 비서실이었는데, 군사 기밀을 다루고 왕명을 출납하는 업무를 맡았어. 어사대는 관리들의 비리를 감찰했어. 삼사는 화폐와 곡식의 출납에 관련된 회계 업무를 담당했지. 이와 별도로 도병마사와 식목도감이란 기구가 있었는데, 중서문하성과 중추원의 고위 관료들이 모여 국가의 중대사를 논의했단다.

성종은 행정구역도 개편해 전국에 12목을 설치했어. 현지에 파견된 목사는 주민을 다스리고 세금을 거뒀어. 거란과의 1차전을 치르고 난 후 성종은 전국을 10도 12주로 재편했어. 성종의 뒤를 이은 현종은 다시 전국을 5도 양계와 경기로 나눴지. 여러 차례 수정하면서 행정구역이 착착 정비되고 있지?

이 무렵 고려 바깥의 국제 정세가 심상찮게 돌아가고 있었어. 발해를 멸망시킨 거란족이 급속하게 성장하고 있었지. 거란족은 938년 나라 이름을 '요'로 바꿨어. 960년에는 한족이 중국 본토에 송을 세웠어. 고려는 송과는 가깝게 지냈지만 요와는 거리를 뒀단다. 요의 침략에 대비해 정종 때는 30만 명으로 이루어진 광군(光軍)도 만들었어.

986년 요가 정안국(발해유민들이 세운 국가)을 무너뜨렸어. 이어 여진을 격파하고 송을 제압했어. 동아시아 최고 강자로 우뚝 선 거지. 기막힌 우연이지만, 이 무렵 요의 황제는 고려 왕과 이름이 같은 성종이었단다. 그 성종이 고려를 노렸어. 한반도에 위기가 닥치고 있었어. 993년 10월 요의 80만 대군이 고려를 침략했어. 고려-요 전쟁(고려-거란 전쟁)이 시작된 거야.

소손녕이 이끄는 거란군은 강했어. 여러 성이 순식간에 넘어갔어. 고려도 맞서기 위해 움직였어. 고려는 북계(평안북도 지역)에 진지를 쌓고 서희, 최량이 공격에 대비했어. 바로 그때 소손녕이 빨리 항복하라는 두 번째 편지를 보내왔어.

그 편지를 보는 서희의 눈이 반짝였어. 서희는 생각했어. '요나라가 진짜 원하는 것은 고려 정복이 아니다. 해결 방법이 있다!'

하늘이 내린 외교 전략가, 서희

서희는 소손녕의 편지에서 요의 진짜 침략 의도를 읽어냈지. 만약 요가 고려를 정복하려 했다면 두 번씩이나 항복하라는 편지를 보낼

리가 없어. 그냥 밀고 들어오면 되지. 하지만 요는 항복만 권유했어. 맞아, 요는 고려가 송과의 관계를 끊길 원했단다. 요는 송을 집어삼킬 생각인데, 고려가 송을 지원하면 힘겨운 전쟁이 될 수도 있거든. 바로 이 때문에 요는 고려를 아군으로 만들려고 침략한 거였어.

서희는 요에 화의를 청하자고 했어. 왕이 받아들였어. 1차로 협상단이 파견됐어. 하지만 소손녕은 빨리 항복하라는 말만 되풀이했어. 결렬. 다시 고려 조정에 비상이 걸렸어. 어떤 대신들은 "항복하자"며 절망했어. 또 다른 대신들은 "서경 이북의 땅을 떼어주면 돌아갈 것이다"는 의견을 내놓았어.

서희는 이 모든 것에 반대했어. "지금 그 땅을 내주면 나중에는 모든 영토를 내주어야 할 수도 있습니다. 영토를 적에게 주는 것은 치욕입니다."

그 사이에 거란군이 청천강 이남까지 내려왔어. 다시 협상이 시작됐어. 하지만 2차 협상도 결렬. 3차 협상단 대표로 누가 가야 할까? 모두 꺼리고 있었어. 죽을지도 모르는데 적진으로 들어가는 게 쉽겠니? 그때 서희가 나섰어. 성종은 안도의 한숨을 내쉬었어.

3차 협상이 시작됐어. 소손녕은 서희에게 말에서 내린 후 절을 하라고 했어. 서희는 고려 신하가 왜 요나라 장수에게 절을 하냐며 거절했어. 팽팽한 기 싸움. 서희는 숙소로 돌아가 버렸지. 결국 소손녕이 두 손을 들었어. 둘은 협상 테이블에 마주 앉았어.

소손녕이 먼저 물었어. "고려는 신라 땅에서 일어났다. 고구려 옛 땅은 우리 요나라의 것이다. 왜 고려가 우리 땅을 넘보는가?"

서희가 당당하게 따졌어. "무슨 소리냐? 고려는 고구려를 계승했다.

엄밀히 따지면 요나라의 동경(동쪽 수도)도 우리 땅이다. 오히려 당신들이 우리 영토를 침범했다." 서희는 기 싸움에서 전혀 밀리지 않았단다. 서희는 또박또박 이치에 맞게 이야기를 했어. 소손녕이 마침내 본론으로 들어갔어. "고려는 요와 국경을 접하고 있는데 왜 송만 섬기는가?"

옳거니! 서희가 예상했던 대로야. 이번에도 서희는 그럴 수밖에 없는 이유를 조목조목 댔어. "압록강 일대를 여진족이 차지하고 있다. 비록 요와 고려가 국경을 접하고 있다고는 하나, 중간에 여진이 끼어 교류할 수가 없었다. 그러니 고려가 송과 교류하는 것이다."

서희는 소손녕이 듣고 싶어 하는 말이 뭔지 잘 알고 있었어. 고려가 송과의 관계를 끊고 거란을 섬기겠다는 답변이었지. 하지만 서희는 그가 원하는 대답을 바로 하지 않았어. 우리가 얻는 게 있어야 하잖아? 서희의 말이 이어졌어.

"만약 여진족을 내쫓고, 고구려의 옛 땅을 우리 고려가 회복할 수 있다면 거란과의 교류는 크게 늘어날 것이다. 그러니 요가 우릴 돕는 게 이치에 맞는 게 아닌가?"

협상이 끝났어. 요의 성종은 협상 내용을 재가했지. 고려가 압록강 동쪽 280여 리를 개척하는 데 간섭하지 않겠다는 동의서도 보내왔어. 그 대신 고려는 송과의 관계를 끊기로 했지.

이어 거란군이 철수함으로써 두 나라의 1차 전쟁이 끝났어. 서희는 군대를 이끌고 압록강 일대를 개척해 여진족을 몰아냈지. 흥화진(의주), 용주(용천), 통주(선천), 철주(철산), 귀주(귀성), 곽주(곽산) 등 6곳에 성을 쌓았어. 이 강동6주를 얻음으로써 고려 영토는 압록강 일대로 확대됐어. 서희의 외교 전략이 정말로 탁월했지?

서희가 노련한 협상으로 거란군을 물리쳤다면 무력으로 그들을 격파한 장군도 있었어. 바로 **강감찬** 장군이란다.

귀주대첩의 명장, 강감찬

1009년 강조란 인물이 반란을 일으켰어. 7대 목종을 살해하고, 8대 현종을 추대했지. 요가 이 사건을 빌미로 1010년 다시 고려를 침략했어. 2차 전쟁이 터진 거야.

요나라 성종은 고려가 송과의 관계를 끊겠다는 약속을 지키지 않아 화가 나 있었어. 그런 마당에 강조의 반란이 일어나자 "신하국의 불미스런 일을 벌하겠다!"며 침략한 거야. 물론 핑계였지. 요는 고려가 강동 6주를 건설하자 자기들 땅이니 돌려달라고 요구했어. 물론 고려는 거절했지. 이 때문에 요나라가 고려를 침략한 거란다.

강조가 맞섰지만 역부족이었어. 그는 전사했어. 곧 거란군은 개경 입구까지 들이닥쳤지. 우왕좌왕. 항복해야 한다는 의견도 나왔어. 하지만 강감찬은 결사항전을 주장했지. 현종은 나주로 피신했어. 거란군은 개경을 쑥대밭으로 만들었어. 그래도 남아 있는 고려군이 잘 싸웠단다. 1011년 1월 2차 전쟁도 끝이 났어. 고려 왕이 요의 성종을 알현하는 입조에 합의를 했거든.

이 무렵 고려에서는 대장경을 만들기 시작했단다. 불교의 힘을 빌려 거란군을 물리치겠다는 염원을 담았지. 이게 초조대장경이야. 안타깝게도 훗날 몽골 침략 때 불에 타버리고 말았어.

전쟁이 끝난 후 개경으로 돌아온 현종은 크게 화가 났어. 수도가 폐허가 됐으니 그럴 법도 하지. 그 때문이었을까? 현종은 병을 핑계로 입조 약속을 지키지 않았어. 1018년 12월 고려가 약속을 이행하지 않았다며 요의 10만 대군이 고려를 침략했어. 3차 전쟁이 터진 거야.

사실 고려는 이 침략을 예견하고 있어서 20만 대군을 훈련시켜 놓았어. 사령관(상원수)이 바로 강감찬이었단다. 그는 압록강 근처 흥화진에 병사를 보내 쇠가죽으로 물줄기를 막도록 했어. 얼마 후 거란군이 그곳을 지나갈 때 쇠가죽을 끊었지. 폭포처럼 들이닥친 물줄기에 거란군이 전멸했어. 고려의 대승!

기세가 크게 꺾였지만 거란군 사령관 소배압은 오기를 부렸어. 남은 병력만으로도 개경을 정복하겠다며 진격을 강행한 거야. 1019년 1월 그들이 개경 입구까지 진격했어. 그러나 더 이상 진격은 불가능했어. 고려군의 기습 공격에 당할 수밖에 없었지. 결국 소배압은 철수를 결정했단다.

퇴각하는 거란군이 귀주벌판에 도착할 즈음 강감찬의 20만 대군이 나타났어. 혈투! 고려의 대승이었어. 살아남은 거란 병사는 수천 명에 불과했어. 소배압도 겨우 목숨을 건졌지만 본국으로 돌아간 뒤에 파면됐다는구나. 이 전쟁이 그 유명한 귀주대첩이야.

3차 전쟁을 끝으로 고려와 요는 더 이상 싸우지 않았어. 고려가 송과의 관계를 끊고 요의 연호를 사용했거든. 하지만 끝까지 입조하지는 않았어. 강동6주도 내놓지 않았지.

이후 고려는 압록강 어귀 흥화진에서부터 동해안의 도련포까지 천리장성을 쌓았어. 요만 경계하려고 이 성을 쌓은 건 아니야. 여진족의 침략에도 대비하기 위해서였지. 수도인 개경 주변에는 따로 나성을 쌓았단다.

자, 이제 거란족의 위협은 물리쳤어. 드디어 고려에 평화가 찾아왔을까? 꼭 그렇다고만은 할 수 없어. 거란족이 기우는 반면 새로이 여진족이 한반도 북쪽을 어지럽히기 시작했거든. 이 여진족은 곧 금나라를 세운단다.

고려 조정은 여진족을 정벌하기로 했어. 누가 적임자일까? 바로 윤관이었어. 윤관은 고려 개국 공신 가문 출신이야. 그러나 다른 귀족들처럼 음서를 통해 벼슬을 얻지 않았어. **윤관**은 당당하게 과거(문과) 시험에 급제해 관직에 입문했단다.

윤관, 별무반 이끌고 여진 정벌하다

여진족은 고려가 출범하던 시절부터 압록강과 두만강 일대에서 살고 있었어. 통일 국가는 세우지 못했고, 뿔뿔이 흩어져 있었어. 일부는 고려, 일부는 거란의 지배를 받았단다.

하지만 완옌부가 여진의 중심 부족이 되면서 상황이 달라졌어. 완옌부는 남쪽으로 진출했고, 완옌부에 밀린 다른 여진족들이 고려 국경에 이르렀어. 하지만 이때만 해도 대부분의 여진족은 고려를 아버지의 나라로 모셨어. 당장 그들이 고려를 침략하지 못한 이유야.

그러나 12세기로 접어들면서 또다시 상황이 달라졌어. 완옌부의 추장이 바뀌면서 내분이 생겼고, 그 혼란 와중에 여진족 일부가 고려 영토로 들어왔어. 고려와 여진족의 갈등이 커지기 시작했지.

본격적인 첫 전투는 1104년 2월에 벌어졌어. 문하시랑평장사(정2품 벼슬) 임간이 싸웠지만 패했어. 임간이 여진족을 너무 얕본 게 원인이었어. 조정은 그를 파면하고, 후임으로 추밀원사(종2품 벼슬) 윤관을 임명했어. 윤관의 여진 정벌은 이렇게 해서 시작됐단다.

한 달 뒤인 3월, 윤관이 군대를 이끌고 정벌에 나섰어. 나름대로 수십 명을 살상하는 전과를 올렸지만, 전투에서는 패했어. 왜 패했을까? 윤관은 분석 끝에 그 이유를 알아냈어. 보병 중심의 고려군과 달리 여진군은 기병 위주로 돼 있었던 거야. 보병이 아무리 빨라도 말을 탄 기병을 따라 잡을 수는 없잖아?

윤관은 왕에게 특수부대 창설을 건의했어. 1104년 12월 숙종이 이 건의를 받아들여 별무반을 만들었어. 별무반은 신기군(기병), 신보군(보병), 항마군(승병) 등으로 구성됐단다. 특수부대인 만큼 귀족의 자제가 별무반에 배치되기도 했어.

숙종은 여진 정벌을 중요한 국가 과제로 정했어. 별무반에도 투자를 아끼지 않았지. 하지만 숙종은 별무반을 설치한 바로 다음 해 세상을 떠났단다. 이어 왕이 된 예종이 정벌의 바통을 넘겨받았어. 마침내 1107년 윤관을 총사령관(원수)으로 한 고려군이 여진 정벌을 시작했어. 이때 동원된 병사는 총 20만 명에 이르렀어.

여진은 강하게 저항했어. 고려군이 저지선을 뚫기가 쉽지 않았어. 윤관은 용맹한 장수가 필요하다고 생각했지. 그때 떠오른 장수가 척준경이야. 척준경은 임간과 함께 여진을 정벌하다가 패하는 바람에 파면됐던 인물이야. 용맹함을 높이 평가받아 복직에 성공했어.

정말로 척준경은 용맹했어. 그가 여진의 진영으로 달려가더니 장수들의 목을 벴어. 그 광경을 지켜보던 고려군의 사기가 오르기 시작했지. 이윽고 고려군의 총공격! 최소한 5천여 명의 여진족을 죽였어. 고려의 대승이지.

그 후 윤관은 여진 부족들을 평정한 마을에 성을 쌓도록 했어. 동북 지역에 총 9개의 성이 완성됐어. 이게 바로 동북9성이야. 이윽고 윤관은 고려 주민들을 그곳에 이주시켰어. 고려의 영토가 다시 넓어졌지?

하지만 동북9성을 지킬 수 없었어. 여진족이 땅을 돌려달라며 계속 고려를 괴롭혔기 때문이야. 여진은 집요하게 고려 국경지대를 습격하고 약탈했어. 동북9성을 돌려주면 다시 고려를 아버지의 나라로 모시겠다며 애원하기도 했어.

1109년 고려는 어쩔 수 없이 동북9성을 돌려줬어. 그러면서 모든 책임을 윤관에게 물었어. 관직을 빼앗고 역적으로 규정했단다. 어이가 없지? 윤관은 다시 중앙관직에 나가지 않았어. 그러다가 1111년 한 많은 세상을 마감했단다.

윤관에게 이런 모함을 한 사람들은 문벌 귀족들이었어. 고려 중기 이후 나타난 중앙의 권력 집단이야. 문벌 귀족들은 혼인을 통해 세력을 키웠어. 가장 권력이 강한 문벌 귀족들은 외척이었어. 왕에게 가문의 딸을 시집보낸 뒤 왕을 마음대로 조종하기도 했지.

이런 문벌 귀족 가운데 가장 세력이 컸던 가문이 인주 이씨(경원 이씨)야. 특히 **이자겸**이란 인물은 왕을 쫓아낼 정도로 대담했단다.

왕을 능가한 문벌 귀족, 이자겸

1122년 예종의 아들이 17대 인종에 올랐어. 하지만 인종에게는 별 힘이 없었어. 모든 권력은 문벌 귀족 이자겸이 쥐고 있었단다.

이자겸은 둘째 딸을 예종에게 시집보냈어. 그 딸이 낳은 아들이 인종이지. 이자겸은 다시 셋째와 넷째 딸을 인종에게 시집보냈어. 이모들이 조카와 결혼한 셈이야. 인종에게 이자겸은 외할아버지이자 장인인 셈이지. 아무리 근친결혼 풍습이 낯설지 않다 해도 3촌 관계인 이모와의 결혼은 흔하지 않아. 권력에 눈이 먼 이자겸이 인륜을 저버린 거야.

어쨌든 이런 결혼의 결과, 이자겸의 권력은 하늘을 찔렀어. 모든 게 이자겸 마음대로였지. 돈을 갖고 오면 벼슬을 뚝 떼어줬고, 측근들에게는 고위직을 맡겼어. 이자겸은 궁궐로 나가지도 않았어. 모든 업무를 자신의 집에서 봤어. 심지어 왕에게도 자신의 집으로 와서 결재받으라고 했다는구나. 얼마나 횡포가 심했는지 알겠지?

어느덧 성인이 된 인종은 이자겸을 그냥 둬선 안 되겠다고 생각했어. 마침 충성스런 신하들이 인종에게 이자겸을 제거할 것을 권했어. 아주 좋은 기회였지. 1126년 인종은 이자겸을 제거하라는 명령을 내렸어. 상장군 최탁과 대장군 권수가 왕명을 받아 궁궐로 진격했지.

이자겸도 가만히 있지 않았어. 여진 정벌 때 큰 공을 세웠던 척준경에게 맞서 싸울 것을 지시했어. 이자겸과 사돈 관계였던 척준경은 이자겸 덕분에 권세를 누리고 있었어. 그러니 적극적으로 왕의 세력을 제압했고, 왕의 반란은 실패하고 말았지. 이게 이자겸의 난이야.

이자겸은 인종을 가뒀어. 인종은 왕위를 넘겨주겠다는 조서를 썼어. 이자겸은 덥석 그것을 받고 싶었겠지. 하지만 주변의 시선 때문에 왕에 오르지는 못했어. 그래도 모든 권력은 이자겸에게 있었단다. 사실상 고려의 국왕이나 다름없었지.

그의 국왕 놀이도 곧 끝이 났단다. 척준경과 이자겸의 사이가 벌어지자 인종이 즉시 척준경에게 접근한 거지. 척준경은 마음을 고쳐먹고 왕의 편에 섰어. 이자겸 제거에 성공한 인종은 척준경도 곧 제거했지. 인종의 이모이기도 한 두 왕비는 폐비했단다.

이로써 이자겸의 난은 모두 끝이 났어. 더불어 문벌 귀족들의 전성기도 서서히 저물기 시작했지. 하지만 문벌 귀족의 특권 의식은 여전히 사라지지 않았어. 이자겸은 금나라를 추종하는 사대주의자였어. 그 때문에 조정은 친금파와 배금파로 나뉘어 갈등을 벌이기도 했지.

이런 혼란이 거듭되다 9년 후 인종은 또 한 번의 반란 사건을 접하게 돼. 이자겸의 난보다 훨씬 크고 중대한 반란이었지. 그 사건이 바로 **묘청**의 난이야.

묘청, 이루지 못한 북진의 꿈

이 무렵 금은 동북아시아의 최대 강국이었어. 고려도 금을 상국으로 모시고 있었단다. 하지만 인종은 금으로부터 벗어나고 싶었어. 어수선한 고려를 개혁하려는 욕심도 강했어. 인종은 윤언이, 정지상 등 젊은 개혁 세력을 대거 기용했어.

인종이 신임한 또 한 명의 개혁가가 있었어. 서경(평양) 출신의 승려 묘청이었어. 묘청은 인종에게 서경으로 천도하자고 제안했지. 서경의 지세가 고려를 부강하게 만들 거라고 했어. 묘청은 풍수지리에도 밝았으니 인종이 솔깃해하겠지? 게다가 이자겸의 난 와중에 궁궐도 많이 탔잖아? 굳이 천도 지 않을 이유가 없었지.

곧 서경에 궁을 지었어. 인종은 서경과 개경을 오가며 천도 결심을 굳히고 있었지. 하지만 개경 귀족들의 반대가 너무 강했어. 서경으로 천도하면 아무래도 자신들의 기반이 약해지니 반대한 거야.

묘청은 개경 귀족들의 반발을 충분히 예상했어. 그들이 금을 지나치게 숭상하고 있다며 신랄하게 비판했지. 인종에게는 "태조가 평양을 서경으로 정한 것은 북진 정책을 추진하라는 뜻이었다!"고 설득했어. 나아가 칭제건원(稱帝建元)하고 금을 정벌하자고 제안했어. 고려가 황제국가임을 선포하고 금과 싸우자는 뜻이야.

1132년 묘청이 새로운 예언을 내놓았어. "서경에 대화궁(大花宮)이란 궁궐을 지으면 주변의 나라들이 모두 고려에 항복할 것이다!" 인종은 결국 서경으로 천도하기로 했어.

그해 11월 대화궁 공사가 시작됐어. 하지만 서경파가 왕의 자리를 빼

앗으려고 서경 천도라는 음모를 꾸미고 있다는 소문이 나돌았어. 개경 귀족들이 퍼뜨린 것이겠지? 파문이 커졌어. 놀란 인종도 천도를 중단 했어. 인종은 더 이상 묘청을 신임하지 않았어.

서경 천도가 좌절됐어. 묘청은 절망했어. 왕이 받아주지 않는다면 내가 한다는 생각을 한 묘청은 1135년 서경에서 반란을 일으켰어. 이게 바로 묘청의 난이란다. 묘청은 대위국(大爲國)의 수립을 선포했어. 연호 는 하늘을 연다는 뜻의 천개(天開)라 지었지.

묘청은 곳곳에 흩어진 병사들을 모두 서경에 집결시켰어. 진격 목표는 개경! 중국에 사대하는 조정 귀족들을 몰아내고 새 왕국을 만들자! 그러 나 이 꿈은 이뤄지지 못했어. 즉각 토벌대가 꾸려졌기 때문이야.

토벌대 사령관(원수)은 김부식이었어. 토벌대는 군사력이 강했어. 설 상가상으로 묘청 진영에 내분이 일어났어. 조광이란 인물이 묘청의 목 을 베어 토벌대에 바쳤어. 하지만 반란군은 그 후 1년간 끈질기게 저항 했지. 모든 반란은 1136년 2월에 가서야 끝이 났단다.

일제 강점기의 민족사학자 신채호는 묘청을 자주적이고 진보적인 인물이라고 평했어. 묘청의 난에 대해서는 '조선 역사 1천년간 최대의 사건'이라고 평가했지. 반면 토벌대를 이끌었던 김부식에 대해서는 사 대적이고 수구적이라고 비판했어. 신채호는 김부식이 승리하는 바람 에 우리가 일제의 지배를 받았다고 했어. 정말로 김부식은 그런 인물이 었을까?

『삼국사기』를 쓴 합리적 보수주의자 김부식

과거에는 김부식에 대한 평가가 인색했지만 요즘에는 좀 달라. 물론 김부식이 사대주의자였던 점은 사실이지만, 당시 국제 정세를 감안하면 어쩔 수 없는 측면도 있었다는 거야. 묘청처럼 도발하기보다는 실속을 챙기면서 국력을 키우는 게 더 합리적이란 거지.

김부식은 22세에 처음 관직을 얻었어. 처음에는 정치인이라기보다 유학자에 가까웠어. 마흔 살이 될 때까지 주로 학문적인 영역에서 일을 했어. 그런 김부식이 정치인으로서 두각을 나타낸 것은 묘청의 난 이후였어.

김부식의 가문은 신라 경주 출신이야. 신라의 항복 후 고려의 지방 호족으로 흡수됐고, 나중에 중앙 귀족이 된 거야. 그의 가문은 개경에 근거지를 뒀어. 묘청의 난이 일어날 즈음에는 김부식이 개경 귀족의 리더 역할을 하고 있었지.

묘청의 서경파에 맞서 개경파 귀족은 똘똘 뭉쳤어. 묘청의 난이 발발하자 진압에 앞서 김부식은 서경 천도에 동조하는 개경 세력들을 모조리 처형했어. 그 가운데 정지상이란 시인도 있었단다.

정지상은 고려의 천재 시인이라 불리는 문장가였어. 김부식도 명 문장가였지? 안타깝게도 둘의 정치 노선은 확연히 달랐어. 정지상은 묘청과 뜻을 같이 했단다. 그러니 김부식으로서는 영향력이 큰 정지상을 살려둘 수 없었을 거야.

하지만 세간의 평가는 이상하게 흘렀어. 정지상이 글을 워낙 잘 쓰니, 이를 시기해서 김부식이 누명을 씌우고 죽였다는 거야. 이런 분석이 사실일까? 글쎄, 그보다는 정치권력을 장악하기 위해 죽인 게 아닌가 싶어.

어쨌든 묘청의 난을 진압한 후 김부식은 초고속 승진을 하기 시작했어. 하지만 그는 권력을 남용하지 않았지. 그는 유학자였으며, 동시에 합리주의자였어. 유교적 명분에 어긋나는 행동은 결코 하지 않았단다.

고위직이 되니 적들은 늘었어. 그의 권력이 강해질수록 시기하는 무리도 많아졌지. 김부식은 결국 관직을 내놓았어. 이어 1145년 인종의 명을 받아 삼국 시대 역사를 정리했어. 그 책이 바로 『삼국사기』야. 훗날 일연이 만든 『삼국유사』가 야사 위주라면 『삼국사기』는 정사 위주로 정리돼 있어. 『삼국사기』는 본기(28권), 지(9권), 표(3권), 열전(10권) 등 4개의 카테고리로 나뉘어 있어. 이런 형식을 기전체라고 불러. 중국 전한 시절 사마천이 쓴 『사기』가 대표적인 기전체 역사서지. 김부식 또한 『사기』의 형식을 빌려 『삼국사기』를 저술한 것 같아.

김부식이 이토록 방대한 분량을 혼자 쓴 건 아니야. 사실 그는 감독관이었어. 10여 명의 학자들이 이 책을 만드는 데 참여했단다. 하지만 책의 구성이나 인물 선정 등은 김부식이 직접 담당했어. 김부식의 역사관이나 철학이 책 곳곳에 숨어 있다는 이야기야. 왕에게 올리는 표문에서 김부식은 "중국 문헌이 우리나라 역사를 너무 간략하게 적고 있어서 『삼국사기』를 만들었다"고 밝혔어. 우리 역사서를 갖고자 하는 욕망이 보이지?

김부식이 묘청의 난 당시 토벌대를 지휘했다고 해서 무신이라고 생각하면 안 돼. 그는 문신이었어. 그뿐만이 아니라 서희나 강감찬 같은 장수도 다 문신이었지.

고려 시대에 무신들은 최고위직에 올라갈 수 없었단다. 무신이 오를 수 있는 최고 벼슬은 정3품인 상장군이었어. 반면, 문신들은 정1품까지 오를 수 있었지. 이러니 무신들의 반발이 심한 것은 당연한 일이야.

1146년 인종에 이어 18대 의종이 왕에 등극했어. 의종 통치 24년째인 1170년, 무신들이 반란을 일으켰어. 그 반란의 중심이 대장군(상장군의 다음 서열) **정중부**였어. 마침내 무신들이 폭발하고 만 거야.

정중부, 무신정변을 주도하다

1170년 8월 의종이 행차에 나섰어. 흥왕사란 절을 거쳐 보현원으로 가고 있었어. 보현원은 왕이 이따금 들르던 유원지였지.

잠시 휴식을 가졌어. 문신들이 의종에게 무신들에게 수박 대련을 시키는 게 어떻겠느냐고 제안했어. 수박은 무신들의 훈련용 무술이야. 무신들은 별로 내키지 않았어. 하지만 왕명이니 어쩔 수 없지. 곧 50대의 대장군 이소응과 젊은 장수가 대련을 시작했어.

나이 때문에 이소응이 곧 지쳤어. 바로 그때 한뢰라는 젊은 문신이 나섰어. 그는 이소응의 뺨을 치면서 늙었다고 조롱했어. 그 광경을 목격한 정중부가 "나이도 어린놈이!"라며 격분했어. 금방이라도 큰 일이 터질 기세야. 주변 사람들이 말려 다행히 큰 싸움으로 번지지는 않았지만 무신들의 눈빛은 이미 달라져 있었어. 다만 참고 있을 뿐이었지.

다음 날, 일행이 보현원에 도착했어. 정중부가 신호를 보내자 무신들이 일제히 문신들을 향해 달려들었어. 대대적인 학살극이 벌어졌지. 50대 장수의 뺨을 때렸던 한뢰, 과거에 정중부의 수염을 태웠던 김돈중 등도 다른 문신들과 함께 처참하게 살해됐어.

무신들은 의종을 끌어내리고 거제도로 유배 보냈어. 이어 명종을 왕에 '임명'했어. 얼마 후에는 의종을 경주로 보냈고, 결국에는 죽여 버렸단다. 이 사건이 무신정변(무신의 난)이야. 이제 무신정권의 시대가 왔어. 무신정권은 이때부터 꼬박 100년간 지속된단다.

무신들이 모여 회의를 하는 기관이 중방(重房)이야. 문신의 권력이 강했던 과거에는 크게 주목받는 기관이 아니었어. 하지만 이제 달라졌어. 중방은 최고의 권력기관으로 떠올랐고, 중방을 장악한 인물이 최고 권력자가 되는 거야.

이 반란을 주도한 사람은 정중부와 그의 참모격인 이의방, 이고였어. 서열만 놓고 보면 정중부가 1인자가 될 거 같지? 하지만 반란에 성공한 후 이의방과 이고가 빠른 속도로 치고 올라왔어. 머잖아 정중부도 눈치를 볼 정도로 둘이 성장했지.

이의방과 이고는 중방에서 1인자 자리를 놓고 본격 대결을 벌였어. 결과부터 말하면, 둘 다 실패야. 이의방이 이고를 제거하는 데 성공했지만, 얼마 지나지 않아 이의방 또한 정중부에게 피살됐거든.

1174년 마침내 정중부가 권력을 잡았어. 하지만 정중부 또한 오래 권력을 누리지 못했어. 무신들의 권력 다툼이 계속되었기 때문이지. 무신정변의 실질적인 주역인 정중부는 1179년 경대승에게 살해됐어.

경대승은 개인 경호부대를 만들었는데, 이게 도방(都房)이야. 도방 덕분이었을까? 이 혼란기에 경대승은 피살되지 않고 병으로 사망했단다. 이어 이의민이 정권을 잡았어. 그는 경주로 유배를 간 의종을 죽인 인물이야. 천민 출신으로, 힘이 장사였다고 전해지고 있어. 이의민도 얼마 지나지 않아 제거됐어. 1196년 정권을 잡은 인물이 **최충헌**이야.

최충헌, 최씨 무신정권을 확립하다

최충헌은 권력을 장악한 후 세습 체제를 확립했어. 최씨 정권은 무려 60여 년간 계속됐단다.

최충헌의 아버지와 할아버지는 상장군을 지낸 무신이었어. 무신이 오를 수 있는 최고의 벼슬을 지낸, 명문 무신 가문 출신이었던 거야. 덕분에 최충헌은 과거 시험을 치르지 않고 문신 벼슬을 얻을 수 있었어. 최충헌에 이르러 무신에서 문신 가문으로 탈바꿈한 셈이지.

최충헌이 얻은 벼슬은 도필리라는 말단직이었어. 맘에 들 리가 없었을 거야. 최충헌은 권력에 대한 욕심이 아주 강했거든. 당시 세상은 무신이 좌우하던 때였어. 최충헌은 결심했지. 문신을 때려치우고 무신으로 변신하자!

하지만 무신으로 전환한 후에도 출세는 쉽지 않았어. 나이 50이 될 때까지 중앙의 낮은 관직이나 지방의 한직에 머물러야 했으니까. 그러나 최충헌은 포기하지 않았어. 동생 최충수와 함께 당시 집권자인 이의민에 반대하는 사람들을 포섭하기 시작했단다.

어느 정도 세력이 만들어지자 최충헌 형제가 드디어 반란을 일으켰어. 1196년의 일이야. 13년간 1인자로 군림해왔던 이의민이 몰락했지.

정권을 잡은 최충헌은 이의민 파벌을 모두 제거하고 반대파도 모두 없앴어. 그 다음엔 동지 중에서 미래의 적이 될지 모르는 사람들을 제거했지. 숙청의 피바람. 최충헌은 나중에 친동생인 최충수까지 제거했단다. 권력 앞에는 형제고 뭐고 다 필요 없는 걸까?

최충헌은 반란에 성공한 후 왕(명종)에게 봉사10조를 제출했어. 일종의 국정개혁안이야. 벌벌 떠는 왕에게 왜 이런 걸 바칠까? 정치적 명분을 얻기 위해서였어. 최충헌은 사리사욕이 아닌, 우국충정에서 반란을 일으켰다고 정당화하고 싶었던 거야.

아무런 힘이 없는 명종은 개혁안을 받아들일 수밖에 없었어. 그런데도 최충헌은 기어이 명종을 쫓아냈단다. 최충헌은 총 17년간 집권했는데, 이 기간 명종을 포함해 총 4명의 왕을 끌어내렸어. 왕의 목숨이 파리 목숨과 다르지 않지?

최충헌이 직접 왕에 오르려는 시도는 하지 않았어. 하지만 4명의 왕을 갈아치운 것만으로도 그가 왕을 뛰어넘는 권력을 누렸다는 사실을 알 수 있지. 실제로 그는 자신만의 궁을 만들고, 그곳에서 업무를 봤어. 대저택을 짓고, 사신을 제 집에서 접대했어. 얼마나 저택이 컸는지 짐작할 수 있겠지?

최충헌의 독재는 갈수록 심해졌어. 반발하는 사람들이 많아졌고 몇 차례 죽을 고비도 맞았지. 1209년 최충헌은 반대 세력을 찾아내기 위해 임시수사본부를 설치했어. 이게 교정도감이야.

수사가 끝나면 교정도감은 해체하는 게 옳지? 하지만 최충헌은 교정도감을 상설기관으로 만들었어. 그전까지는 중방이 최고 권력기관이었지만 이젠 교정도감이 최고의 권력기관으로 부상했지. 교정도감의 우두머리인 교정별감은 최충헌이 맡았단다.

최충헌은 이 교정도감을 통해 아들 최우에게 권력을 넘겨주기 위한 작업을 벌였어. 하지만 왕(희종)도 호락호락하지 않았어. 1211년 또다시 최충헌을 제거하려는 거사가 일어났고, 이번엔 왕도 가담했지. 하지만 실패. 최충헌은 31세밖에 되지 않은 왕을 멀리 자연도(오늘날 영종도)로 보내버렸단다.

온 나라가 최충헌의 손에 잡혀 있어서 아주 혼란스러웠어. 독재는 날이 갈수록 심해졌고, 백성들의 삶은 고단해졌지. 그러니 도처에서 민란이 일어났어.

공주 명학소에서는 망이와 망소이가 난을 일으켰고, 운문(청도)과 초전(울산)에서는 김사미와 효심이 난을 일으켰어. 심지어 최충헌의 노비까지 혁명을 꿈꿨단다. 비록 실패로 돌아갔지만…. 이게 바로 '**만적**의 난'이야.

만민 평등 세상을 꿈꾼 노비, 만적

최충헌 이전의 집권자인 이의민은 천민 출신이었어. 그의 출세는 노비들을 자극했어. 최충헌의 노비 만적도 혁명에 성공하면 권력자가 될 수 있다고 생각했지.

만적이 동료 노비들과 개경의 뒷산(북산)에서 나무를 하던 1198년 5월 어느 날이었어. 만적이 노비들을 불러 모아 일장 연설을 시작했지.

"무신정변 이후 천민 중에서도 실력자가 많이 나왔다. 왕후장상의 씨가 따로 있겠는가? 우리도 왕후장상이 되지 말란 법이 있는가? 왜 주인에게 매질을 당하며 비참한 삶을 살아야 하는가?"

왕후장상(王侯將相)은 왕, 제후(귀족), 장군, 재상을 가리키는 말이야. 만적은 거사에만 성공하면 노비들도 고려의 지배자가 될 수 있다고 선동하고 있었어. 고무된 노비들은 만적을 리더로 선출하고, 그달 17일 거사하기로 했어.

결전의 날, 노비들은 흥국사에 모여 봉기한 뒤 각자의 상전을 죽이고 노비 문서를 태우기로 했지. 하지만 계획은 지켜지지 않았어. 거사 날짜에 약속 장소에 나타난 노비가 얼마 되지 않았던 거야.

만적은 거사 날짜를 21일로 옮겼어. 모두 입 조심하기로 하고 돌아갔어. 하지만 곧 이 거사 계획이 탄로가 나고 말았어. 함께 봉기하기로

했던 노비 가운데 순정이란 자가 주인에게 거사 계획을 발설하고 만 거야. 이 사실은 곧 최충헌의 귀에 들어갔어.

최충헌은 즉시 만적을 비롯한 주모자들을 잡아들이라고 명했어. 100여 명의 노비가 결박당한 채 끌려 들어왔지. 최충헌은 그들을 포대에 넣고는 강물에 버렸어. 만적과 노비들은 봉기도 못해보고 비참하게 생을 마감하고 말았단다.

그 후로도 무신정권에 저항하는 농민과 노비의 반란은 그치지 않았어. 그러거나 말거나 최씨 정권의 독재는 계속 됐지.

1219년 최충헌의 뒤를 이어 최우가 권력을 세습하는 데 성공했어. 새로운 집권자인 **최우**는 우선 자신의 권력 기반을 강화하는 데 주력했단다.

최우와 몽골 항쟁, 그리고 패배

권력을 세습한 최우는 도방을 내외도방으로 확대했어. 삼별초도 신설했지. 삼별초는 좌별초와 우별초, 신의군을 합친 부대야. 별초는 '용사 선발대'란 뜻이란다. 신의군은 적의 포로였다가 탈출한 병사들로 만든 부대였어.

최우 또한 아버지 최충헌과 마찬가지로 집에서 정무를 봤어. 정방(政房)이란 인사기관을 집에 뒀고, 정치 자문을 해줄 유학자들을 뽑아 서방(書房)도 만들었어. 이런저런 일들이 많았지만, 최우 집권기 가장 큰 사건은 고려-몽골 전쟁이야.

1225년 몽골 사신 저고여가 공물을 받고 돌아가던 중 피살됐어. 누가 그를 죽였는지는 밝혀지지 않았지. 고려 조정은 저고여가 국경을 넘어선 후 피살됐으니 금나라의 소행이라고 주장했지만 몽골은 그 말을 믿지 않았어. 고려가 저항하려 한다고 생각했지.

1229년 칭기즈칸의 아들 오고타이가 2대 몽골 황제(대 칸)에 올랐어. 몽골은 유럽까지 진출한 세계 제국이었으니 감히 맞설 나라가 없어. 고려도 마찬가지. 1231년 몽골의 침략에 항복할 수밖에 없었어. 그 후 몽골의 간섭이 심해졌고 공물의 양도 크게 늘었단다. 고려가 휘청거렸어. 최우는 강화도로 옮겨 싸우기로 했지.

1232년 고려 조정이 강화도로 이주하자 몽골은 반역행위라며 2차 침략을 감행했어. 하지만 물이 막고 있어 강화도로 들어가지는 못했단다. 대신 몽골군은 한반도를 마음대로 유린했어. 우리 백성들을 노예로 끌고 갔지. 최우는 눈과 귀를 막고 강화도에서만 버텼어.

이 2차전에서 눈에 띄는 승리가 있어. 김윤후와 처인부곡(오늘날의 용인)민들이 몽골군을 격퇴한 거야. 적장 살리타이가 이 전투에서 쓰러졌단다. 몽골군은 철수하면서 부인사(符仁寺)의 초조대장경을 불태워버렸어. 안타까운 노릇이지.

1234년 고려는 세계 최초로 금속 활자를 이용해 상정고금예문을 인쇄했어. 상정고금예문은 현재 전해지지 않고 있어. 기록상으로만 세계 최초인 셈이야. 오늘날 존재하는 가장 오래된 금속활자 인쇄물은 1377년 청주 흥덕사에서 간행된 직지심체요절이란다.

다시 몽골 전쟁으로 돌아가볼까.

1235년 몽골이 3차 침략을 감행했어. 이번에도 몽골 부대는 한반도를 마음대로 휘젓고 다녔어. 최우 정권? 여전히 강화도에서 매일 잔치를 벌이고 있었단다. 물론 백성과 함께 팔만대장경을 만드는 작업에 착수한 것은 기억할 만한 일이야. 하지만 최우 정권은 몽골과의 전쟁에 적극적이지는 않았어.

1249년 최우가 세상을 떠났어. 그 후로 최우의 아들 최항, 손자 최의까지 권력을 세습했지. 이 와중에 몽골의 5차, 6차, 7차 침략이 있었어. 고려는 점점 더 피폐해졌단다. 무신정권 내부의 혼란도 더 커졌만 갔어.

그러다 최씨 가문의 노비 출신인 김인준(김준)이 1258년 최의를 죽이고 정권을 잡았단다. 1268년에는 김인준이 아들처럼 여기던 임연에게 살해됐어. 임연이 죽은 뒤에는 임유무가 권력을 이어받았지만 1270년 몰락했지.

몽골의 도움을 받아 왕(원종)이 명실상부한 왕이 됐어. 무신정권 시대가 마침내 끝이 난 거야. 원종은 수도인 개성으로 복귀했어. 36년 만의 귀환이었지. 또한 이때부터 고려가 몽골의 속국이 됐어. 1271년 몽골은 나라 이름을 원(元)으로 바꿨단다.

고려가 불쌍해졌어. 원나라는 황실의 공주들을 고려 왕에게 시집보냈지. 고려 왕은 모두 원나라 황제의 사위가 되는 거야. 고려가 원나라의 사위국가(부마국)로 전락한 셈이지. 고려 왕들은 원나라에 충성한다는 의미로 맨 앞에 충(忠)자를 넣었어. 25대 충렬왕부터 충선왕, 충숙왕, 충혜왕, 충목왕을 거쳐 30대 충정왕까지 모두 6명의 왕이 그랬단다.

그래도 무신정권 집권기와 원 간섭기에 많은 역사책이 만들어진 것은 기억할 만해. 가령 이규보는 『동명왕편』을 통해 고려가 고구려를 계승했다는 점을 분명히 했어. 일연은 『삼국유사』에서 처음으로 단군의 이야기를 다뤘어. 이승휴는 『제왕운기』를 통해 고조선을 우리 민족의 첫 국가라고 규정했지.

하지만 슬픈 역사가 더 많아. 고려 여성들은 원나라에 공녀로 보내졌고 그녀들은 대개 비참한 삶을 살았어. 하지만 아주 운 좋게 권력을 누린 경우도 있었지. 기자오란 사람의 막내딸이 그런 경우야. 그녀는 원나라의 황후가 됐어. 바로 **기황후**야.

원나라의 황후가 된 고려 여성 **기황후**

1333년 기자오의 막내딸이 공녀로 원나라에 끌려갔어. 그녀는 몽골 순제 황제의 궁녀가 됐어. 순제는 황후와 사이가 썩 좋지 않았어. 순제는 고려에서 온 궁녀에게 더욱 빠져들었지. 그러자 황후가 그녀에게 온갖 해코지를 했어. 그럴수록 순제는 그녀를 깊이 사랑하게 됐어.

황후의 가문이 역모 사건에 휘말리게 됐어. 순제는 황후에게도 사약을 내렸어. 사랑하는 궁녀를 황후에 앉히려 했지만 대신들의 반대가 심했지. 결국 다른 여성이 황후가 됐단다. 하지만 그 궁녀가 1339년 순제의 아들을 낳았고 대신들도 그녀를 함부로 대할 수 없게 됐어. 그녀는 당당히 제2황후가 됐단다.

제1황후가 있으니 서열만 놓고 보면 그녀는 아직도 '넘버2'야. 하지만 이때부터 그녀는 사실상 황후 역할을 했어. 제1황후의 아버지가 권력다툼에서 패해 물러났기 때문이야. 든든한 후원자를 잃었으니 제1황후의 권력도 약해진 거지. 이때부터 그녀는 기황후라 불렸고 고려에도 이 소식이 알려졌어. 누가 가장 기뻐했을까? 당연히 기씨 가문이야.

이 무렵 고려에는 몽골 풍습이 많이 들어와 있었어. 여성의 족두리나 어른들이 마시는 술인 소주가 대표적이야. 임금의 밥을 수라라고 부른 것도, 벼슬아치나 장사치처럼 '~하는 사람'이라는 뜻으로 말끝에 치를 붙이는 것도 몽골식이지. 고려에 전파된 몽골 풍습을 '몽골풍'이라 불러.

반면 원나라에도 고려 풍습이 전파됐어. 원래 몽골 여성은 위아래가 붙어 있는 옷을 즐겨 입었어. 고려 여성들이 많아지면서 위와 아래가 분리된 치마저고리가 유행했지. 상추쌈도 이때 중국으로 전파됐어. 이처럼 중국으로 전파된 고려 풍습을 '고려양'이라 불렸단다.

서로 다른 문화가 어우러져 새로운 문화를 창출하는 것은 당연한 거야. 무조건 거부할 필요는 없어. 중요한 건 새 문화를 우리의 것으로 제대로 소화할 수 있느냐가 아닐까?

하지만 정치는 좀 달라. 강대국이 약소국을 위협하는 것은 옳지 않지. 당시 원은 고려 내정에 일일이 간섭했어. 마음대로 고려 왕을 내쫓거나 다른 왕으로 바꾸기도 했지. 고려 조정은 친원파 귀족들이 장악하고 있었어. 이런 사람들을 권문세족이라 불렀단다.

원나라의 황후가 기씨 가문 출신이잖아? 당연히 기씨 가문의 권력이 가장 강했겠지? 1340년 기황후의 친오빠인 기철이 원나라 황실로부터 행성참지정사라는 벼슬을 받았어. 더불어 고려 조정도 그를 덕성부원군에 봉했단다.

자, 어느 날 갑자기 하늘에서 권력이 뚝 떨어졌어. 주변 사람들이 갑자기 굽실거려. 내가 무슨 행동을 해도 아무도 뭐라 그러지 않아. 그렇게 되면 사람이 한없이 교만해지지. 폭력적으로 변할 수도 있어. 기철이 딱 그랬어. 마음대로 권력을 휘두르고, 사람들의 재산을 마구 빼앗았지. 땅

을 닥치는 대로 긁어모아 대농장을 만들었어. 조정 곳곳에 자신의 심복들을 앉혀 아무도 권력을 넘보지 못하게 했지.

기황후는 그래도 고려를 위해 나름대로 노력했어. 공녀를 그만 받아들이게 했고, 고려를 원의 일부로 만드는 것에도 반대했단다. 오빠보다 훨씬 낫지? 그가 낳은 아들은 훗날 원나라의 후신인 북원(北元)의 황제가 된단다.

기황후가 아들을 낳고 얼마 지나지 않아 12세가 된 고려 왕자 강릉대군이 베이징에 인질로 왔어. 당시 고려 왕족들은 일정 기간을 원에서 보내야 했단다. 강릉대군도 마찬가지였어. 반식민지가 된 조국과 인질로 잡혀 온 왕자. 그리고 조국을 식민지로 만든 적국에서 황후가 된 여성…. 기황후는 강릉대군을 보며 무슨 생각을 했을까?

강릉대군은 10년간 베이징에 잡혀 있었어. 21세 때 몽골 황족 여성인 보타시리(노국대장공주)와 결혼했고, 마침내 차기 고려 왕으로 지명됐어. 1351년 12월 귀국한 그가 바로 **공민왕**이야.

고려의 마지막 개혁을 꿈꾼 왕, **공민왕**

고려 31대 임금 공민왕은 중국에 머물면서 원의 멸망이 멀지 않았다는 걸 직감했어. 그는 귀국길에서 '반드시 고려를 개혁하리라'고 결심했지.

그를 환영하는 행사가 열렸어. 이연종이란 신하가 "국왕의 단상에 왕이 변발을 하고, 오랑캐 복식(호복)으로 오르는 것은 옳지 않습니다!"라고 직언했어. 공민왕이 흔쾌하게 말했어. "그대 말이 맞다." 공민왕은 즉시 변발을 풀어헤치고 원나라 옷을 벗어버렸어. 이 작은 사건이 개혁의 시작이었지.

공민왕은 이듬해 개혁조서를 발표했어. 모든 정부 기관이 5년마다 중요정책을 왕에게 보고하도록 했지. 대신들과 정치와 사회 문제를 토론하기 위해 서연을 부활시켰어. 이제야 비로소 체계적으로 정치가 돌아가는 것 같지? 공민왕은 이를 통해 왕권을 강화하려고 했단다.

공민왕은 토지와 노비 제도를 개혁하라는 지시도 내렸어. 원에 의지하는 권문세족들이 토지와 노비를 모두 차지했기 때문이야. 그들의 밥줄을 끊어 세력을 약화시키려는 전략이었지.

이 개혁을 지지하는 신하들이 있었어. 신진사대부야. 이들은 대부분 지방 향리나 하급 관리의 자제들이었어. 성리학을 배웠고, 과거 시험을 통해 관리가 됐지. 명분과 도덕을 특히 중요하게 여긴 젊은 지식인들이었어. 또한 원을 반대하고 명과 가까이 지내려 했어. 부패한 권문세족과 많이 달랐지.

공민왕은 개혁을 통해 권문세족을 하나씩 제거했어. 그러자 기철이 움직이기 시작했어. 기철은 공민왕이 그토록 강하게 개혁을 밀어붙이리라고는 생각하지 못했지. 그대로 두면 개혁의 칼날이 자신들의 목을 겨냥할 게 분명해. 기철은 다른 친원파 귀족들과 함께 공민왕을 끌어내릴 음모를 꾸몄어. 공민왕이 이 사실을 알게 됐어. 먼저 반격에 나서자!

1356년 공민왕은 연회를 연다며 권문세족들을 궁으로 초대했어. 기철과 권겸은 별 의심 없이 입궐했지. 작전개시! 공민왕의 지시를 받은 병사들이 그들을 철퇴로 죽였어. 이어 다른 친원파들을 대대적으로 숙청하기 시작했단다.

내부 정리를 끝낸 공민왕은 원과의 대결에 본격 돌입했어. 우선 원의 연호와 관제를 폐지했고 내정간섭 기구인 정동행성도 없앴어. 원이 화주(평남 영흥군)에 설치한 식민통치기구 쌍성총관부도 되찾았어. 요동 지방을 공략해 고구려의 옛 땅을 회복하기도 했지. 기철의 죽음을 알게 된 기황후가 복수를 위해 군사를 보냈지만, 이 또한 막아냈어.

이 무렵 고려 변방은 아주 혼란스러웠어. 북쪽에서는 홍건적이, 남쪽에서는 왜구가 기승을 부렸지. 그러나 무인들이 잘 막아냈어. 최영과 이성계가 국민의 영웅으로 떠올랐지. 하지만 모든 침략을 막을 수는 없었어. 1361년에는 홍건적의 침략에 개경이 함락돼 공민왕이 급히 안동으로 피난하기도 했단다.

당시 공민왕을 호위했던 김원명이 한 승려를 소개했어. 바로 신돈이야. 사실 공민왕은 더 강력하게 개혁을 밀어붙일 인물이 필요했어. 귀족들의 반발이 강했기 때문이야. 그런 점에서 우직하고 총명한 신돈은 적임자였어. 공민왕은 개혁의 지휘권을 주기로 했지. 1364년에는 그를 사부로 삼기까지 했단다. 가까이에서 정치 자문을 해달라는 뜻이었어.

1365년 공민왕이 부인 노국대장공주를 잃었어. 부인은 아이를 낳다가 사망했단다. 사랑하는 사람을 잃은 공민왕의 슬픔은 아주 컸어. 이때부터 공민왕은 부인의 명복을 빌기 위해 불교에 전념했어. 더 이상 정치 개혁이 그에게 큰 성취감을 주지 못했지. 그러나 개혁이 중단되지는 않았어. 그래. **신돈**이 나선 거야. 제2의 개혁 정치가 다시 시작됐어.

귀족들과 싸운 마지막 개혁가 신돈

귀족들은 신돈을 요사스런 승려라고 했어. 신돈이 자꾸 이상한 제도를 들먹이며 땅과 노비를 '강탈'해갔기 때문이야. 반면 백성들에게는 그야말로 구세주였어. 백성들은 지혜의 상징인 문수보살이 나타났다며 환영했단다. 신돈의 개혁은 그만큼 파격적이었어.

1366년 신돈은 개혁의 사령탑 역할을 할 전민변정도감을 설치했어. 무엇보다 염두에 둔 게 토지와 노비 제도의 개혁이었어. 신돈은 이 기구를 가동해 귀족들이 백성들로부터 뺏은 토지를 돌려주도록 했어. 억울하게 노비가 된 사람은 본래 신분을 회복시켜줬어.

누가 반발했을까? 당연히 권문세족들이었어. 신돈의 개혁으로 경제적 기반을 잃고 있잖아? 토지와 노비가 줄어들면 재산이 줄어들지 않겠어?

그래도 신돈은 개혁을 밀어붙였어. 공민왕이 신돈을 지지했으니까. 사실 신돈은 원래 공민왕의 제안을 사양했었단다. 개혁이 진행되면 권문세족들이 이간질을 할 것이고, 그러면 왕이 흔들릴 거라고 생각했기 때문이야. 그러나 공민왕은 어떤 일이 있어도 신돈의 말을 믿겠다고 철석같이 약속했어. 그 약속을 믿고 신돈이 개혁의 지휘봉을 잡았던 거야.

하지만 곧 이 약속은 깨지고 말았어. 첫째, 권문세족의 반발이 너무 심했어. 둘째, 백성들이 신돈을 지나치게 신임했어. 이 두 가지 모두가 공민왕에게는 큰 부담이 됐지.

이런 상황에서 신돈에 대한 온갖 안 좋은 소문들이 나돌기 시작했어. 그가 부녀자들을 희롱한다거나 승려인데도 술과 고기를 즐긴다는 식이었지. 물론 귀족들이 신돈과 공민왕의 사이를 이간질하려고 퍼뜨렸을 확률이 커. 하지만 공민왕은 이 소문을 믿었어. 어쩌면 소문을 믿은 게 아니라, 소문을 핑계로 신돈을 버리기로 결심한 건지도 모르지.

어쨌든 공민왕은 약속을 어겼어. 1371년 신돈을 체포하라는 어명이 떨어졌어. 혐의는 역모! 신돈이 왕을 해치려 했다는 거야. 『고려사』에는 신돈이 공민왕의 배신을 눈치채고, 먼저 공민왕을 죽이려 했다고 기록돼 있어. 정말 그랬을까? 글쎄. 어쨌든 신돈은 곧 체포돼 유배 갔다가 처형됐어. 그는 죽을 때까지도 반란 혐의를 인정하지 않았단다.

신돈을 배신한 공민왕의 최후도 그리 명예롭지는 않아. 공민왕은 말년으로 갈수록 음란해졌어. 젊은 소년들을 뽑아 자제위를 만들어 자신의 시중을 들게 했지. 그러던 중 후궁이 외간 남자와 부적절한 관계를 맺고 임신했어. 그 외간 남자는 내친 김에 왕까지 죽여 버렸어. 1374년 공민왕은 그렇게 허무하게 생을 마감했단다.

조정에 비상이 걸렸어. 왕의 자리를 비워 놓을 수는 없는 법. 문제는, 적절한 후계자를 찾기가 어렵다는 데 있었어. 다행히 반야란 여인이 낳은 공민왕의 아들이 있었어. 그 아들이 결국 왕위에 올랐는데, 바로 32대 **우왕**이야.

반야는 원래 신돈의 첩이었단다. 공민왕이 몰래 신돈을 따라가서 부적절한 관계를 맺은 것으로 역사는 기록하고 있어.

우왕, 위화도 회군 이후 폐위되다

우왕은 10세에 왕이 됐어. 그 어린 왕이 도대체 무슨 일을 할 수 있겠니? 사실상 할머니인 명덕태후가 정치를 맡았어. 그래도 명덕태후가 살아 있을 때는 다행이었어. 그녀가 죽자 우왕은 의지할 데가 없었어. 이인임이라는 대신이 왕의 뒤에서 권력을 쥐고 흔들었지.

신하들은 권력투쟁을 벌였어. 국민적 영웅인 최영과 이성계가 이인임을 견제했고, 결국엔 유배를 보냈어. 그를 믿던 우왕은 혈혈단신이 돼 버렸어. 최영이 사실상 1인자가 됐고, 이성계가 최영을 견제하는 형국으로 바뀌었어.

이런 상황에서 명나라가 1388년 고려에 통지문을 보냈어. 원이 쌍성
총관부를 설치했던 지역을 내놓으라는 요구였어. 그곳에 자기들이 철령
위를 설치해 다스리겠다는 거야. 터무니없는 요구지? 당연히 대신들은
반발했어. 특히 최영이 발끈했지.

최영은 즉각 명의 기지인 요동 지방을 정벌하자고 주장했어. 이성계가
4대 불가론을 내세워 반대했어. "첫째, 작은 고려가 큰 명나라를 거역해
선 안 된다. 둘째, 농번기인 여름에 군사를 일으키는 것은 적절치 않다.
셋째, 정벌을 나간 사이에 왜구가 침략해올 수도 있다. 넷째, 장마철을
맞아 전염병이 돌 수 있고 아교가 녹아 활이 쓸모없어질 수 있다."

양쪽 주장이 팽팽하게 맞서니 우왕이 결정을 해야겠지? 하지만 우왕
이 무슨 힘이 있겠어? 우왕은 1인자인 최영의 손을 들어줬어. 우왕은 총
사령관인 팔도도통사에 최영을 임명했어. 이어 이성계를 우군도통사, 조
민수를 좌군도통사에 임명하고 정벌을 명했어.

1388년 4월 18일 이성계와 조민수가 요동 정벌에 나섰어. 19일 후
부대는 압록강 하류의 섬 위화도에 도착했어. 이성계는 평양 기지에 있
는 최영과 우왕에게 다시 한 번 군대를 돌리자고 청했어. 이번에도 받아
들여지지 않았어. 이성계는 반란을 결심했어. 군대를 돌려 평양으로 진
군했어. 이게 바로 위화도 회군이야.

반란은 성공했어. 이성계가 권력을 잡았지. 최영은 처형됐어. 우왕은?
이성계 일파는 우왕이 공민왕이 아니라 신돈의 자식이라고 주장했어. 신
돈의 첩이 어머니라는 이유였지. 정당한 고려 왕족의 혈통이 아니라는
거야. 이성계는 우왕을 폐위시키고, 강화도로 유배를 보냈어.

위화도 회군 이후 신진사대부는 강경파와 온건파로 나뉘게 돼. 이색과 정몽주는 온건파였지만 정도전과 조준은 강경파에 속하지. 조준이 우왕이 만든 화통도감을 없애자고 제안했어. 화통도감은 화약을 만드는 곳으로, 최무선의 건의로 1377년 만들어진 거야.

당시 **최무선**은 왜구를 격퇴하려면 화통도감이 절대적으로 필요하다고 주장했어. 우왕이 들어보니 정말로 그런 것 같아 설치를 허락했지. 그 화통도감이 우왕의 폐위와 함께 사라지고 말았어. 그 후에는 군기감이란 기관이 화약 제조 업무를 맡았단다.

최무선, 화약 신무기로 왜구 격퇴하다

화통도감의 위력은 1380년 제대로 발휘됐어. 바로 그해에 왜구가 금강 하류에 있는 진포로 쳐들어왔어. 화통도감은 1377년 설치됐다고 했지? 최무선은 3년간 화약 무기를 개발하고, 병사들이 화약을 잘 다루도록 훈련을 시켜왔단다. 만반의 준비를 갖춘 셈이야.

왜구의 배가 진포로 다가오자 즉각 최무선이 출동했어. 최무선은 부원수로서 현장을 지휘했어. 육지로 올라와 노략질을 하는 왜구를 향해 화약을 사용한 불화살을 쏘라고 명령했지. 신무기에 놀란 왜구들은 우왕좌왕했어. 왜구의 배들은 화염에 휩싸여 모조리 침몰했단다. 이 전투가 진포대첩이야.

3년간 왜구의 침략에 대비하면서 화통도감에서 만든 화약 무기는 모두 18종류나 됐어. 그 중에 특히 주목을 끈 것이 주화(走火)야. 번역하자면 '날아가는 불'인데, 화약을 이용해 로켓처럼 발사되는 화살이지.

무기만 있으면 무슨 소용이야? 그 무기를 능숙하게 다룰 병사가 필요하겠지? 최무선은 화약을 다루는 포병 부대도 양성했어. 왜구의 배가 잽싸게 도망가 버린다면? 최무선은 이에 대비하기 위해 무거운 화포와 포탄을 싣고도 견딜 만큼 튼튼한 군함을 만들었어. 진포대첩의 대승이 절로 얻어진 게 아니라는 걸 알 수 있겠지? 화약 무기, 병사, 군함 삼박자를 모두 준비해놨기에 가능했던 거야.

최무선은 일찍이 화약 무기에 관심이 많았어. 그러나 고려에서 화약 제조법을 터득하기는 쉽지 않았어. 고작 해봐야 불꽃놀이에서나 화약을 썼지. 원과 명은 화약 무기를 썼지만 제조법은 비밀에 부쳤어. 심지어 고려인들마저 최무선이 어리석은 시도를 한다고 비웃었어. 하지만 최무선은 개의치 않았어. 그는 정말 강한 집념의 사나이였지.

최무선은 중국에서 상인이 올 때마다 예성강 입구에 있는 벽란도로 갔어. 중국 상인들을 붙잡고, 화약 만드는 방법을 가르쳐 달라고 졸랐어. 지성이면 감천이라 했지? 최무선은 마침내 화약 원료인 염초를 만드는 법을 알아냈단다.

이때부터 최무선은 화약을 만들기 시작했어. 의외로 성능도 좋았지. 최무선은 본격적으로 화약 무기를 개발하기 위해 조정에 관청을 만들어 달라고 건의했어. 이때까지만 해도 최무선을 비웃는 사람들이 많았어. 그러니 쉽게 관청을 만들어줄 리가 없지?

최무선은 끈질기게 관청의 필요성을 주장했어. 마침 왜구들이 점점 북쪽까지 올라와 강화도까지 진출했단다. 강화도에서 조정이 있는 개경까지는 그리 멀지 않아. 그러니 우왕도 최무선의 제안을 눈여겨보기 시작한 거야. 마침내 1377년 10월 화통도감 설치를 명했어.

이미 말한 대로 화약 무기의 성과는 진포대첩에서 확실히 입증됐지?

큰 타격을 입은 왜구는 그 후로 한동안 노략질을 하지 못했어. 하지만 3년 정도가 지나자 다시 남쪽에서 노략질을 하기 시작했어. 이때 최무선의 나이는 환갑을 넘긴 후였어. 최무선은 노구를 이끌고 직접 함선을 타고 전투를 지휘했어. 이번에도 대승을 거뒀지!

이처럼 외적의 침략이 이어지면서 고려 후기 민중의 삶은 정말 고단했어. 북쪽에는 홍건적이 들끓었고, 남쪽에는 왜구가 판을 치고 있었어. 특히 왜구로부터 입는 피해가 컸어. 최무선이 화약 무기를 기필코 발명하려 했던 것도 왜구를 막기 위해서였단다.

이와 같은 혼란기에는 전쟁 영웅이 국민의 사랑을 받는 경우가 많아. 물론 최무선도 그랬어. 특히 바닷가 백성들은 항상 왜구의 침입에 대한 공포에 시달렸어. 그 공포를 없애준 인물이 바로 최무선이었지.

하지만 한반도 전체를 놓고 봤을 때 가장 존경을 받는 영웅은 따로 있었어. 바로 **최영**이야. 요동 정벌을 놓고 이성계와 갈등을 벌였던 바로 그 장군이란다.

황금 보기를 돌같이 한 국민영웅 최영

최영은 명문 가문 출신이지만 검소하고 착실하게 성장했어. 아버지도 그에게 "황금 보기를 돌같이 하라!"는 말씀을 남겼어. 일반 권문세족과는 확연히 느낌이 다르지?

우람한 풍채의 최영은 문신 가문 출신이지만 무사가 되고 싶었어. 마침 계기가 생겼어. 공민왕이 베이징에 있을 때 호위를 맡았던 조일신이 난을 일으켰는데, 이 반란을 진압할 때 최영이 두각을 나타낸 거야. 그 후 최영은 공민왕의 신임을 받는 무장으로 성장했지.

공민왕이 쌍성총관부를 되찾을 때도 최영은 현장에 있었어. 이성계 또한 쌍성총관부의 수복에 큰 도움을 줬지. 이때부터 최영과 이성계는 앞서거니 뒤서거니 하면서 북으로는 홍건적, 남으로는 왜구를 격파했어. 왜구들에게 최영은 그야말로 공포의 대상이었단다.

최영은 1358년 오예포(황해도 장연)로 쳐들어온 왜선 400여 척을 격파했어. 이후에도 왜구 섬멸 작전은 계속됐어. 백발이 성성한 1376년에

도 홍산에 침략한 왜구들을 격파했지. 이 전투가 홍산대첩이야.

왜구들은 고개를 절레절레 흔들며 "고려의 백수 최만호만큼 무서운 사람이 없다"고 말했어. 만호는 무장의 벼슬 이름이야. 백수는 흰 수염과 머리란 뜻으로 백발의 최영 장군을 가리키는 말이란다. 왜구를 이처럼 여러 차례 격파하면서 최영은 백성들의 영웅이 됐어.

최영이 왜구들만 격퇴한 것은 아니야. 당시 중국은 원과 명이 교체되는 시기였어. 홍건적이란 반란군이 곳곳에서 일어났어. 그 홍건적이 한반도 북부를 수시로 침략했어. 1359년에는 서경까지 치고 내려왔지. 최영은 즉시 군대를 출동시켜 홍건적을 물리쳤어. 2년 뒤인 1361년에는 수도인 개경까지 밀고 내려왔어. 공민왕은 안동으로 피난까지 떠났지. 고려의 비상사태였어. 이때도 최영의 활약으로 홍건적을 격퇴할 수 있었어.

그랬던 최영도 어려운 시절을 맞았어. 신돈이 공민왕에 이어 제2의 정치개혁을 단행했을 때야. 신돈은 최영을 개혁해야 할 보수 세력으로 여겼어. 신돈은 최영의 관직을 빼앗고 귀양을 보냈어. 하지만 얼마 지나지 않아 신돈 자신도 처형됐지. 공민왕이 그를 버렸던 거야.

공민왕은 다시 최영을 조정으로 불러들였어. 최영은 전쟁터로 달려가 왜구들을 격파했어. 이때 치러졌던 전투 가운데 하나가 홍산대첩이야.

최영은 공민왕의 뒤를 이은 우왕 때 최고벼슬인 문하시중에 올랐어. 우왕은 최영의 딸을 부인으로 맞아 들였어. 최고의 장수였던 최영이 이제는 왕의 장인까지 된 거야. 고려 최고의 권력자로 부상한 셈이지.

승승장구하던 최영에게도 경쟁자가 있었어. 바로 이성계야. 그는 신진사대부들의 지지를 받고 있었어. 최영과 이성계는 사안마다 대립했어.

그 가운데 특히 의견이 달랐던 사안이 요동정벌이었어. 최영은 요동 정벌을 주장했지만, 이성계는 4불가론을 내세우며 반대했지.

그 결과는 이미 알고 있는 대로야. 위화도 회군으로 이성계가 권력을 잡았지. 이성계는 우왕을 유배 보냈어. 가장 큰 정적 최영도 무사할 리 없겠지? 일단 최영을 고향으로 귀양 보냈어. 하지만 곧 개경으로 압송해 처형했지. 개경은 눈물바다가 됐어. 오늘날까지도 최영을 모시는 무속 신앙인이 많아. 최영이 얼마나 큰 존경을 받았는지 알 수 있겠지?

우왕이 폐위됐으니 새로운 왕을 옹립해야지? 가장 유력한 후보자는 우왕의 아들 창이었어. 그러나 이성계 일파는 "우왕은 신돈의 자식이다. 그러니 우왕의 아들도 고려 왕족 혈통이 아니다"라며 반대했어.

이 문제로 신진사대부가 강경파와 온건파로 분열했어. 온건파는 창을 옹호했고 결국 온건파의 뜻대로 됐어. 창이 33대 창왕으로 즉위한 거야.

이때 신진사대부 온건파의 리더 역할을 한 인물이 이색이야. 어쩌면 이성계 일파가 강력한 군대를 가지고 있음에도 더 이상 고집을 부리지 못한 게 이색 때문일 수 있어. 그를 내치면 신진사대부 전체가 등을 돌릴 수 있거든. 그만큼 **이색**은 중요한 인물이었단다.

고려에 충성한 신진사대부 리더, **이색**

목은 이색, 포은 정몽주, 야은 길재….

이 세 명의 호는 모든 은(隱)자로 끝이 나. 이 세 명을 삼은이라고 한단다. 이들은 모두 고려 말기의 신진사대부였어. 조선의 건국을 반대하며 신하가 두 명의 임금을 섬길 수 없다는 불사이군(不事二君)을 외쳤어.

고려 말 중국으로부터 새로운 유학이 수입됐어. 바로 성리학이야. 조선 시대 후기까지 한반도의 통치이념이 된 학문이지. 신진사대부는 성리학을 공부했고, 권문세족을 비판하며 개혁을 주장했어. 삼은은 신진사대부의 리더들이었어. 특히 이색은 선각자라고 할 수 있어. 정몽주, 정도전이 모두 그의 제자였거든.

이색은 고위 정치인이기도 했어. 정몽주가 성균관 대제학의 벼슬을 지낸 반면 이색은 최고 벼슬인 문하시중까지 올랐단다. 이색은 동아시아의 정세를 읽고, 원이 망하고 명이 흥할 거란 사실을 간파했어. 하늘의 뜻, 즉 천명이 명나라에 있다는 거야. 그래서 친명 정책을 지지했어. 신흥 무인세력의 대표 주자인 이성계와 정치 노선이 같지?

그러나 위화도 회군 이후 이색은 이성계와 노선을 달리했어. 이성계 일파는 고려 왕조를 무너뜨리기 위해 우왕을 폐위했는데, 이색은 이 조치를 썩 반기지 않았어. 우왕의 스승이 바로 이색이었거든. 그런 마당에 이성계 일파가 우왕의 아들인 창까지 내치려 했어. 이색은 어떻게든 이성계 일파의 야심을 꺾어야 한다고 생각했어. 창을 기어이 왕에 앉혔지.

이색은 명의 지원을 받으면 이성계를 꺾을 수 있을 거라고 생각했어. 우선 명 황실이 창왕을 인정하는 게 중요해. 이색은 직접 사신이 돼 명으로 갔어. 창왕이 입조할 테니 지원해달라고 부탁했어.

하지만 이런 노력은 모두 물거품이 됐어. 이성계 일파가 모든 권력을 장악한 거야. 결국 이색은 귀양을 떠나야 했단다. 이곳 저곳 유배지를 떠돌아다녔어. 잠깐 석방된 적이 있기는 하지만 정몽주 피살 사건에 연루돼 다시 귀양살이를 해야 했지.

이색은 이성계가 조선을 건국한 후 벼슬을 줬지만 끝까지 받아들이지 않았어. 그래도 이색은 암살되지는 않았어. 반면 **정몽주**는 충의를 끝까지

지키다가 철퇴에 맞아 생을 마감했단다.

죽을지언정 꺾이지 않은 충신 정몽주

정몽주는 우리나라 성리학의 시조라고 부를 수 있어. 스승인 이색마저도 최고의 학자로 평가할 정도였지. 정몽주보다 다섯 살 아래인 정도전 또한 그를 존경했다고 전해지고 있어.

정몽주는 뛰어난 외교관이기도 했어. 복잡한 국제 관계를 잘 꿰고 있었어. 명과 일본에 사신으로 가서 실타래처럼 얽힌 외교 문제를 잘 해결했다는 평가를 받고 있지.

이색이나 정몽주는 신진사대부 온건파였어. 위화도 회군까지는 이성계 일파와 행동을 같이했지. 하지만 온건판도 창왕 옹립 문제로 분열했어. 이색은 창왕을 옹호했지만 정몽주는 그러지 않았어. 이성계 일파가 창왕을 끌어내리고 공양왕을 옹립할 때도 정몽주는 이성계를 두둔했어. 심지어 공양왕을 세운 공을 인정받아 공신 반열에 오르기도 했단다.

정몽주가 이성계로부터 등을 돌린 것은 그다음부터야. 정몽주는 고려의 개혁을 원했어. 하지만 나라 자체를 없애는 데는 결사반대였어. 역성혁명으로 새 나라를 세우려는 이성계 일파와 뜻이 다르지? 하루아침에 동지가 적으로 바뀌었어!

마침 이성계가 사냥 도중 말에서 떨어져 크게 다쳤어. 정몽주는 이성계 측근들을 제거하기에 좋은 기회라고 판단했어. 조준과 남은 등 강경파를 유배 보냈어. 정도전도 가뒀어. 상황이 급박하게 돌아가고 있지? 이성계의 다섯째아들 이방원이 급히 이성계가 있는 해주로 달려갔어. 그

날로 이성계는 집으로 돌아왔지. 정몽주는 이성계의 상태를 살펴보기 위해 그의 집을 방문했어. 팽팽한 신경전이 벌어졌어. 하지만 큰 사건은 터지지 않았어.

집으로 돌아가려는 정몽주를 이방원이 붙들었어. 오랜만에 회포나 풀자며 술자리를 제안했지. 이방원은 정몽주가 새 나라 건국에 동참하기를 원했어. 그래서 '이런들 어떠리 저런들 어떠리~'라는 하여가를 부르며 설득했어. 함께 새 나라를 세워 백년까지 태평성대를 누리자는 제안이었지.

정몽주가 답가를 불렀어. '이 몸이 죽고 죽어 일백 번 고쳐 죽어~'로 시작하는 단심가였어. 새 나라 건국에 반대한다, 죽는 한이 있더라도 고려에 충성하겠다는 뜻을 전달한 거야.

정몽주는 신진사대부들 사이에 큰 신망을 얻고 있는 인물이었어. 그런 사람이 조선 건국에 반대한다면 어떻게 될까? 이방원은 고개를 저었어. 동지로 만들지 못한다면 제거하는 게 낫다고 판단했지. 그래서 집으로 돌아가는 정몽주를 선죽교에서 제거했어. 그때 흘린 정몽주의 피가 오늘날까지도 지워지지 않는다는 이야기가 전해져 내려온다.

그로부터 3개월이 지났어. **이성계**는 공양왕을 끌어내리고 왕위에 올랐어. 조선이 건국된 거야.

꼬리에 **꼬리**를 무는

한국사 韓國史
인물
이야기

4장

조선 시대

태조 이성계, 조선 사직을 열다

이성계는 귀족 가문 출신이 아니었어. 그의 가문은 할아버지 때부터 쌍성총관부에서 원나라의 벼슬을 맡고 있었단다. 쌍성총관부는 원이 화주(평남 영흥군)에 설치한 통치기구였어. 쉽게 말하자면, 이성계 가문은 고려와는 별 관계가 없었던 거야.

그런 이성계 가문을 고려로 끌어들인 인물은 공민왕이었어. 공민왕은 원으로부터 독립하려고 1356년 쌍성총관부를 쳤어. 이때 이성계와 그의 아버지 이자춘이 고려군을 도왔단다. 공민왕은 공로를 인정해 이자춘에게 동북 지방의 병마사 벼슬을 내렸어. 비로소 이성계 가문이 고려의 벼슬을 얻은 거야.

이성계 세력은 순식간에 성장했어. 그전까지 고려의 지배를 받지 않던 이성계였기에 강력한 군대를 보유하고 있었어. 당시 고려 군대는 변변찮았어. 상황이 이러니 이성계가 변방의 장수라 해도 단숨에 최영과 맞먹는 거물로 인정받을 수 있었지.

당시 고려는 홍건적과 왜적으로 뒤숭숭했어. 이성계는 약 20년간 한반도 전역에서 왜적을 물리쳤어. 곧 국민의 영웅으로 부상했지. 조정에서도 승승장구했어. 그때 조정의 최고 실력자는 최영이었어. 이성계는 최영 다음가는 실력자로 인정받았단다.

권력을 쥐니 이성계의 주변에 사람들이 몰려들기 시작했어. 주로 신진 사대부였는데, 그들은 고려를 개혁하길 열망했어. 그러니 위화도 회군에 대해서도 크게 거부감을 나타내지 않았지. 이미 알고 있듯이 우왕, 창왕, 공양왕을 차례대로 갈아치우는 과정에서 신진사대부도 분열했지.

1391년 이성계는 토지 제도의 개혁을 주문했어. 정도전과 조준이 과전법을 만들어 실시했지. 이 제도는 고려 초기의 전시과 제도와 비슷해. 권문세족의 토지를 빼앗아 관료들에게 나눠줬어. 조선 초기까지 이 제도가 유지된단다.

1392년 이성계가 새 나라의 건국을 선포했어. 하지만 새 나라를 바라보는 시선이 모두 곱지는 않았어. 자신을 고려인이라 생각하는 백성

이 더 많았지. 새 왕국의 수도를 어디로 정할지도 아직은 결정하지 못했단다.

새 왕국의 정비 작업에 착수했어. 이듬해인 1393년, 태조는 고조선을 계승한다는 의미로 새 나라 이름을 조선이라 지었어. 상국으로 모시는 명나라로부터 조선이란 국명을 써도 좋다는 허락도 받았지. 국가 통치이념으로는 성리학을 채택했어.

1394년에는 한양(서울)에 왕궁을 짓고 천도했어. 한양은 한반도의 중앙에 있는 도시야. 게다가 한강이 있어 수륙 교통이 모두 편하지. 주변은 산으로 둘러싸여 있어, 외적이 침략했을 때 방어하기도 쉬워. 왜 한양을 수도로 정했는지 알겠지?

이제 모든 정비가 대충 끝이 났어. 태조 이성계는 개국 공신에게 막대한 땅과 노비를 줬어. 그 가운데 가장 큰 공을 세우고 영향력도 컸던 인물은 정도전이었어. 정도전은 태조의 후계자 선정에도 깊이 개입했지.

태조는 둘째 부인이 낳은 막내아들 방석을 세자로 책봉하려 했어. 정실부인의 자식들이 반발했겠지? 특히 다섯째 방원의 반발이 컸어. 그러나 정도전은 태조를 지지했어. **정도전**은 재상을 중심으로 한 왕도정치를 꿈꾸고 있었어. 방석은 강력한 왕의 그릇이 아니었어. 그런 인물이 왕이된다면 자신의 정치적 야망을 달성할 수 있잖아?

재상 정치를 꿈꾼 이상주의자 정도전

"한 고조(유방)가 참모인 장량을 이용해 한나라를 세웠는가? 아니다. 장량이 한 고조를 이용해 나라를 세웠다."

정도전이 술에 취했을 때 한 말이야. "조선 또한 태조가 참모인 나를 이용해 세운 나라가 아니라, 내가 태조를 이용·해 세운 나라다!"는 뜻이 담겨 있지.

정도전은 경북 봉화의 향리 가문에서 태어났어. 22세 때 과거 시험에 합격해 관직 생활을 시작했지. 정도전은 성리학에 푹 빠졌어. 하지만 정몽주와 달리 아주 급진적이었어. 고려 개혁을 넘어 사대부와 왕이 협력해 백성을 위한 정치를 펴는 왕국을 꿈꿨지.

현실 정치는 쉽지 않았어. 정도전은 정치 싸움에 휘말려 귀양을 가기도 했어. 하지만 사대부 왕국을 만들겠다는 야망은 꺾이지 않았어. 그러던 중 이성계를 만났지.

1384년 정도전은 이성계가 있는 함경도 함흥의 군영을 찾아갔어. 당시 이성계는 홍건적과 왜구를 여러 차례 격파해 국민의 영웅으로 존경받고 있었지. 정도전은 이성계의 군대를 둘러본 후 의미 있는 웃음을 지어 보였어. '이 군대만 있으면 무슨 일인들 못하겠는가?'

무슨 뜻일까? 이성계의 군대만 잘 활용하면 낡아빠진 고려를 허물고 새로운 왕국을 세울 수 있다는 뜻이야. 이때부터 정도전은 역성(易姓)혁명을 꿈꾸고 있었던 것 같아.

위화도 회군 이후 정도전은 이성계의 최측근으로 급부상했어. 정몽주가 죽고, 그를 따르는 온건파가 몰락하자 정도전의 주가는 더욱 올라갔어. 정도전은 어느새 이성계 일파의 중심을 차지하고 있었어. 그는 한양을 수도로 정하고, 도시도 설계했어. 경복궁을 비롯해 모든 궁궐의 위치와 이름까지 세세하게 신경을 썼지. 모든 상징물에는 성리학적 이념을 담았어.

정도전은 법전도 정비했어. 조선 초기 첫 법전이라 할 수 있는 『조선

경국전』이 그의 작품이야. 정도전은 이 책에도 유교적 통치 규범을 담았어. 임금이 마음대로 권력을 휘두르지 않은 고대 중국 요순 시대를 이상적인 국가로 규정했어. 그때는 왕과 신하가 합의해서 정치를 이끌어갔단다. 정도전이 원하는 사대부 왕국이 바로 그런 형태였어.

태조는 이런 정도전을 높이 평가했어. 정도전은 탁월한 전략가일 뿐 아니라 조선의 '정신'을 정비한 사상가였거든. 다른 대신들도 정도전을 적극 지지했어. 다만 태조의 아들 이방원은 그를 아주 못마땅하게 여겼지. 둘의 갈등이 커지기 시작했어.

명과 외교 마찰이 빚어졌어. 정도전은 맞서기로 하고, 요동 정벌 계획을 내놓았지. 이를 위해 대대적인 군사 개혁에 착수했어. 왕족이나 귀족들이 거느린 개인 군대, 즉 사병을 없애고 중앙군대로 흡수하려 했어. 강력한 중앙군을 만든다는 게 나쁘지는 않아. 하지만 이방원은 저항했어. 이미 정도전이란 재상을 중심으로 정치가 돌아가고 있는데, 사병까지 빼앗기면 이씨 조선은 사라질 것 같은 위기감을 느꼈던 거야.

정도전은 그렇지 않아도 권력욕이 강한 이방원을 싫어했어. 정도전은 태조와 함께 은밀하게 방석을 세자로 책봉하려고 했지. 이게 화근이었어. 1398년 8월 26일 **이방원**이 반란을 일으켰어. 이 사건이 제1차 왕자의 난이란다.

조선 기틀을 잡은 왕, 태종 **이방원**

이방원(정안대군)은 남은의 집으로 향했어. 그곳에 정도전, 남은, 이근, 심효생이 있었거든. 모두 방원에게는 눈엣가시 같은 인물들이었어. 일망타진! 방원은 부하들에게 그 집을 포위하라고 명령하고 불을 질렀어.

그들이 불을 피해 밖으로 뛰쳐나왔어. 방원의 부하들이 닥치는 대로 베었지. 정도전과 남은은 용케 살아서 도망쳤어. 하지만 방원의 부하들이 끝내 쫓아가 죽였어. 이때 정도전의 나이 57세였어.

방원은 나머지 개국 공신들과 이복동생 방석, 방번도 죽였어. 태조는 자식들의 살육전을 보곤 인생에 회의를 느꼈나 봐. 둘째아들 방과(영안대군)에게 왕위를 넘겨주고 정치에서 물러났어. 방과가 2대 정종이야. 정종은 동생인 방원이 무서웠어. 그래도 당장은 방원이 정종을 몰아내지 않았으니 다행이라 해야 할까? 문제는 다른 데서 터졌단다.

방원의 또 다른 형인 방간(회안대군)이 1400년 반란을 일으켰어. 이게 제2차 왕자의 난이지. 방원은 형을 즉각 제압했어. 정종도 버티기가 힘들었는지 방원에게 왕위를 넘겨주고 정치에서 물러났어. 3대 태종이 탄생했어.

한때의 동지들을 모두 제거하고 왕에 오른 태종이었지만 정치 하나만큼은 똑 부러지게 했어. 그가 조선 기틀을 다졌기에, 사실상 조선 창업 군주로 평가하기도 한단다.

우선 의정부를 강화했어. 의정부는 재상들이 정책을 논의하는 조선 시대 최고의 정치기구야. 오늘날로 치면 국무회의라 할 수 있지. 그 밑으로는 행정부처로 6조를 뒀어. 이조, 호조, 예조, 병조, 형조, 공조란다.

나머지 기구도 살펴볼까? 우선 사헌부, 사간원, 홍문관이 있어. 이 세 기관을 3사라 불렀어. 오늘날의 언론 기능을 했단다. 사헌부는 인사와 감찰 기능을, 사간원은 왕에게 간쟁하는 역할을, 홍문관은 경연과 왕에 대한 자문을 담당했어. 승정원은 왕의 비서실 역할을 했고, 춘추관은 역사 편찬을 담당했지.

태종은 전국을 8도로 재편했어. 제주도가 포함되지 않았는데, 이것만 빼면 오늘날의 지방행정구역과 아주 비슷해. 8도 아래에는 부, 목, 군, 현을 뒀어. 고려 시대 이전에는 향, 소, 부곡이란 천민마을이 있었지? 태종은 이것을 모두 군현으로 승격시켰어.

각 도에는 관찰사를 파견했어. 군과 현에는 수령을 보냈지. 군과 현에는 이와 별도로 유향소란 자치기관이 있었어. 유향소는 수령에게 그 마을에 대한 자문을 해줬어. 향리들이 비리를 저지르지 않도록 감시하기도 했지.

태종은 억울한 백성이 북을 울리면 사연을 듣는 신문고 제도를 시행했어. 오늘날의 주민등록증에 해당하는 호패 제도도 도입했지. 16세를 넘은 양인(양반과 농민)은 누구나 호패를 만들 수 있었어. 나뭇조각에 이름과 나이, 간단한 특징을 새긴 게 호패야.

사실 호패 제도는 왕권을 탄탄하게 만들기 위한 장치였어. 어느 곳에 어떤 사람들이 얼마나 살고 있는지 정확하게 파악하면, 지방의 관리가 세금을 빼돌릴 수 없겠지?

태종은 왕권 강화에 무척 신경 썼어. 후계자 문제에 개입한 처남까지 죽여 버릴 정도였지. 아들에게도 냉정했어. 그에게는 양녕대군, 효령대군, 충녕대군, 성녕대군 이렇게 4명의 아들이 있었어. 세자로 책봉한 양녕대군이 후계자 수업을 소홀히 하고 기생들을 궁으로 불러들이자 당장 내쳐버렸어.

태종은 셋째 충녕대군을 눈여겨봤어. 그가 학문에 정진했고 성품이 어질었거든. 워낙 책을 좋아해서 병석에 있을 때도 책을 가까이 했지. 오죽하면 태종이 어명으로 책을 읽지 못하도록 했을까. 1418년 6월, 태종은 충녕대군을 세자로 책봉했어. 둘째 효령대군은 속세를 떠나 스님이 됐지. 2개월 후 충녕대군이 왕위에 올랐어. 바로 **세종대왕**이야.

우리 역사상 최고의 성군, 세종대왕

세종은 백성을 늘 자식처럼 생각했어. 세계에서 가장 과학적인 언어인 훈민정음도 만들었지. 출신을 따지지 않고 인재를 등용해서 측우기, 해시계 등 과학 발명품을 만들게 했어. 조선의 영토를 크게 확장하기도 했지. 하지만 세종의 출발은 불안했단다. 아버지 태종이 두 눈을 부릅뜨고 있었거든.

세종은 22세에 왕이 됐어. 하지만 태종이 완전히 물러난 것은 아니었어. 태종은 군사 문제와 국가 중대사를 자신과 상의한다는 조건 하에 왕위를 넘겨줬지. 실질적인 권력은 태종이 쥐고 있었던 거야. 대마도 정벌 또한 태종의 뜻이었어.

세종이 즉위한 해, 대마도에 큰 흉년이 들었어. 왜구들은 한반도 해안가를 노략질했어. 1419년 6월 세종은 이종무를 총사령관인 삼군도체찰사에 임명했어. 이종무는 227척의 병선에 1만 7천여 명의 병사를 태워 대마도로 향했지. 조선군은 대마도에 막대한 타격을 입혔어. 이종무는 대마도 왕으로부터 항복을 받아내고 조선인 포로를 구출해 귀국했단다.

1422년 태종이 세상을 떠났어. 세종은 일본에 대해 포용 정책으로 전환했어. 내이포(진해), 부산포(부산), 염포(울산) 등 삼포를 열어 일본인의 무역을 허용했지. 이후 노략질을 하는 왜구는 크게 줄었단다.

일본에 대한 이 대처법에서 조선의 외교 정책을 읽을 수 있어. 명에 대해서는 사신을 파견하고 조공을 바쳤어. 사대정책이지. 반면 일본과 여진족에 대해서는 때로는 토벌하고, 때로는 회유했어. 대마도를 토벌했다가 삼포를 개항한 게 대표적이야. 4군6진을 개척한 것은 토벌 작전이었지. 이를 교린정책이라 불러. 이 사대교린 정책이 조선의 외교 방침이었단다.

자, 다시 세종으로 돌아가서…. 세종은 독재자인 아버지 태종과 크게 달랐어. 유교와 학문에 입각해 통치했지. 사실 세종 자신이 유학, 천문학, 의학, 음악 등 모든 분야의 전문가였단다. 어렸을 때부터 닥치는 대로 책을 읽었기 때문이야. 그러니 신하들과의 토론에서도 밀리지 않았어.

세종은 백성을 위해 많은 책을 펴내도록 했어. 가령『농사직설』은 중국의 농법을 연구해 우리 실정에 맞게 고쳐 쓴 책이야. 백성이 쉽게 약재를 골라 쓸 수 있도록『향약집성방』을 냈고, 최대의 의학사전인『의방유취』도 출간했어.

유교 윤리 보급에도 애를 썼어. 충신과 효자, 열녀 이야기를 담은『삼강행실도』가 대표적이야. 예법과 절차를 정리한『국조오례의』도 쓰도록 했어. 이 책은 성종 때 완성된단다.

세종은 성품도 아주 어질었어. 한국 역사에서 세종만큼 위대한 성군은 단언컨대 없어. 사실 훈민정음도 백성을 사랑하는 세종의 마음이 없었다면 탄생하지 못했을 거야. 세종은 신하들도 매우 아꼈어. 아버지 태종이 모든 것을 일방적으로 결정한 반면 세종은 신하들과 토론을 벌였어.

분명 세종은 분명 뛰어난 군주야. 하지만 그가 혼자였다면 그 많은 업적을 남길 수 있었을까? 글쎄, 확신할 수는 없어. 훌륭한 신하들이 세종을 뒷받침하지 않았다면 결과가 달라졌을 수도 있겠지.

영토를 확장한 것만 봐도 그래. '백두산 호랑이' **김종서**가 없었다면 가능했을까? 이처럼 세종과 신하는 떼어놓을 수가 없어. 그들이 있기에 세종대왕이 '완성'된 거야.

백두산 호랑이라 불린 용장, 김종서

김종서는 세종이 가장 신임한 장수였어. 용맹하기론 조선 팔도에 최고였지. 주로 북쪽 변방 지대에서 근무하면서 영토를 넓혔어. 동북 지역에 6진(두만강 하류에 설치한 국방상의 요지. 종성·온성·회령·경원·경흥·부령)을 개척해 조선의 영토를 두만강 일대로 확장시켰기에 백두산 호랑이란 별명을 얻었단다.

1433년 12월, 세종은 그를 함길도(함경도) 관찰사(오늘날의 도지사)에 임명했어. 여진을 내몰고 영토를 확장하기 위해서였어. 그 무렵 한반도 북동쪽에는 여진족이 살고 있었단다. 마침 내분이 일어나 혼란한 상태였어. 영토 확장에 그만큼 좋은 기회가 없겠지?

김종서는 세종의 기대를 100% 충족시켜줬어. 두만강과 압록강 일대에서 노략질하는 여진족을 모두 몰아냈거든. 두만강 하류에는 새로이 6진을 설치했지.

이로써 조선의 영토는 두만강 일대로 확장됐어. 이어 남쪽 주민들을 6진으로 와서 살게 했지. 주민이 거주하면서 6진은 더욱 커졌지. 주민들은 생업에 종사하면서, 동시에 국방의 의무도 수행했어.

이 무렵 평안도의 책임자는 최윤덕이었어. 최윤덕은 우의정 벼슬을 하면서 변방을 관리했지. 정승의 신분으로 변방을 지킨 거야. 김종서만큼 대단한 영웅이지?

그 최윤덕도 평안도 지방의 여진족을 몰아내는 데 전력을 기울였어. 김종서가 6진을 설치했듯이, 최윤덕은 4군을 늘렸단다. 이렇게 해서 북쪽 변방에 4군6진이 추가됐어. 오늘날의 북쪽 국경이 이 무렵 대략 완성된 거야.

김종서는 7년 이상을 북방의 변경에서 근무했지만 중앙의 대신들이 함부로 할 수 없는 거물로 성장했어. 1440년에는 오늘날의 법무부 장관에 해당하는 정2품 형조판서에 임명됐고, 문종 때는 좌의정까지 올랐어. 김종서 또한 최윤덕과 마찬가지로 '정승 장수'인 셈이야. 대단하지?

하지만 김종서는 무신이 아니야. 유명한 무신 가문에서 태어난 건 맞아. 하지만 어렸을 때부터 학문에 비상한 능력을 보여줬어. 불과 16세에 문과 시험에 급제할 정도였지. 그의 학문적 업적도 적지 않아. 문종 때인 1452년, 『고려사절요』 35권을 간행했단다.

태조 때부터 고려 왕조의 역사를 기록하는 작업이 진행됐었어. 그렇게 해서 완성된 것이 『고려사』야. 하지만 이 책은 주제별로 구성돼 있어서 읽기가 불편한 단점이 있었어. 김종서가 이 점을 지적하며 새로 작업에 들어가 5개월 만에 『고려사절요』를 완성했지. 『고려사절요』는 시간의 흐름을 따라 작성됐어. 이런 서술방식을 편년체라고 해.

김종서의 여러 업적 가운데 가장 큰 것은 아무래도 6진 개척일 거야. 6진이 설치된 동북 지역은 조선 왕조에 아주 중요한 곳이었단다. 태조 이성계가 최초로 세력을 펼친 곳이거든. 그러니까 세종도 이 땅을 차지하려고 그렇게 애를 썼던 거야. 김종서가 이런 세종의 꿈을 이뤄준 셈이지.

영토 확장의 꿈을 마침내 이뤘지만 세종은 여전히 목이 말라. 이뤄야 할 꿈이 많거든. 두 번째 꿈, 그것은 바로 조선을 과학 강국으로 만드는 거야.

물론 이 분야에도 믿을 수 있는 신하가 있었어. 바로 **장영실**이야.

조선을 과학 강국으로 만든 **장영실**

15세기 조선의 과학 수준은 중국에 결코 뒤지지 않았어. 세계 최초로 측우기를 만든 것만 봐도 이런 사실을 알 수 있지. 물론 장영실이 있었기에 가능했어.

장영실은 동래현의 노비, 즉 관노(官奴)였어. 그의 아버지는 고려 후기의 벼슬아치였지만 어머니가 기생이었어. 부모가 모두 양인이 아니면 그 자식은 천민이 된단다.

장영실은 태종 때부터 궁중에서 근무했어. 하지만 그의 재능을 정확히 알아본 사람은 세종이었어. 세종은 1421년 노비 출신의 이 기술자를 명나라로 유학 보냈어. 선진 천문학 기술을 배워오라는 뜻이었지. 이렇게 해서 세종과 장영실의 인연이 본격적으로 시작됐어.

유학을 끝내고 돌아온 장영실에게 세종은 종5품 상의원 별좌 벼슬을 내렸어. 노비에서 정부 관료로. 신분이 수직상승했지? 장영실은 보답하려는 듯이 첨단 발명품을 내놓았어.

1432년 장영실은 이천과 함께 천문대인 간의대를 만들었어. 1433년엔 천체를 관측하는 혼천의 제작에 돌입했지.

1434년에는 휴대할 수 있는 해시계인 앙부일구와 한국 최초의 물시계인 자격루도 발명했어. 자격루는 떨어지는 물의 원리를 이용해 자동으

로 시간을 측정했어. 1438년에는 이 자격루에 혼천의를 접목한 업그레이드 버전(옥루)을 경복궁 안 흠경각에 설치했지.

발명 행진은 계속됐어. 1442년에는 강우량을 재는 측우기와 하천의 수위를 계산하는 수표를 발명했단다. 측우기는 세계 최초로 만들어진 거야. 이 두 발명품 덕분에 하천이 범람하는 것을 미리 알 수 있게 됐어. 농사를 짓는 농민들에게는 최고의 선물인 셈이지.

장영실이 자격루를 발명하자 세종은 벼슬을 정4품 호군 벼슬을 내렸어. 반대하는 신하도 많았어. 노비 출신에게 너무 높은 벼슬을 준다는 거야. 하지만 세종은 개의치 않았어. 세종이 장영실을 얼마나 아꼈는지 알 수 있는 대목이지.

측우기와 수표를 발명하던 바로 그해, 장영실은 왕이 탈 수레를 만드는 책임자로 임명됐어. 세종이 지병을 치료하기 위해 이천으로 온천욕을 하러 갈 때 탈 수레였지. 그런데 그 수레가 박살이 난 거야. 만약 행차 도중에 수레가 박살나서 세종이 다쳤다면? 장영실은 처형됐을지도 몰라. 다행히 왕이 타기 전이었으니 곧장 80대로 사태를 마무리했어.

이후 장영실의 행적에 대한 기록은 더 이상 보이지 않아. 여기에 어떤 비밀이 숨겨진 것은 아닐까? 추측은 많지만 밝혀진 것은 없어. 확실한 것은, 이 사건 이후 조선의 최고 천재 과학자가 사라졌다는 사실이야.

추가로 하나만 더 살펴볼게. 1444년 세종은 이순지와 김담을 시켜 역법을 만들도록 했어. 그들은 중국과 아라비아의 역법을 참고로 해서 국내 첫 역법을 만들었어. 그게 바로 『칠정산』이야. 한양을 기준으로 해서, 해와 달, 별의 운행이 자세하게 나와 있지.

조선이 확실한 과학 강국이 된 게 맞지? 이제 세종의 마지막 꿈이 남았어. 바로 백성을 위한 글자를 만드는 거야. 이 작업에는 집현전 학사들이 투입됐어. 그 가운데 특히 **성삼문**의 활약이 두드러졌지.

절개와 지조의 상징, 사육신의 **성삼문**

1446년 9월 29일 세종은 훈민정음(訓民正音)을 반포했어. '백성을 가르치는 올바른 말'이란 뜻의 새 글자지. 이게 오늘날의 한글이야. 사실 훈민정음이 만들어진 것은 1443년이었어. 새 글자를 다 만들고도 3년 후에야 반포한 셈이지.

한자가 어려워 백성이 글을 배우지 못하는 게 세종은 안타까웠어. 한글을 만든 것도 그 때문이야. 하지만 유학자들은 한자 이외의 글자를 쓰는 것은 오랑캐를 자처하는 것이라며 반대했어. 이런 반발을 무마하며 작업하느라 반포하기까지 시간이 오래 걸린 거야.

훈민정음 창제에는 세종의 결심이 가장 크게 작용했어. 유학자들의 반대에도 굴복하지 않고, 끝까지 추진했잖아? 집현전 학사들도 세종의 명을 받들어 최대한 공을 들였지.

집현전은 세종 이전에 이미 있던 기관이야. 그것을 세종이 대폭 확대해 학문과 정책을 연구하는 기관으로 키웠어. 20여 명의 학사가 그 안에서 일했어. 학사들은 왕과 토론을 벌였는데, 이를 경연(經筵)이라 불렀어. 학사들이 세자를 교육시키는 것은 서연(書筵)이라고 했지. 세종은 다른 관료들보다 학사를 우대했단다.

성삼문은 1438년 21세의 나이에 집현전 학사로 발탁됐어. 이때 신숙주, 박팽년, 하위지, 이개 등도 함께 학사가 됐지. 성삼문은 훈민정음을 완성하기까지 주도적으로 이 작업에 참여했어. 정인지, 최항, 신숙주, 박팽년, 이개가 한글 창제 작업에 합류했어.

당시 요동 지방에는 명나라 한림학사 황찬이란 인물이 유배 중이었어. 성삼문은 그를 만나기 위해 요동 지방을 열세 번이나 다녀왔단다. 그가 음운학으로 꽤 정평이 난 인물이었거든.

이처럼 성삼문이 한글 창제에 큰 기여를 했지만, 오늘날 그는 사육신(死六臣) 중 한 명으로 더 많이 기억되지. 그 시작은 1453년의 계유정난(癸酉靖難)이야.

계유정난은 단종 2년, 세종의 둘째아들 수양대군이 일으킨 반란을 말해. 김종서, 황보인 등 일부 대신들이 왕권을 무력화시킨다는 게 이유였지. 반란은 성공했고, 수양대군이 모든 권력을 장악했어. 2년 후에는 기어이 조카인 단종에게서 왕위를 빼앗았어. 그가 7대 세조야.

하지만 집현전 학사들은 세조를 왕으로 인정하지 않았어. 1456년 성삼문을 비롯해 여러 신하들이 단종을 복위시키려고 거사했어. 하지만 실패하고 말았어.

세조가 직접 성삼문을 심문했어. 성삼문은 하늘 아래에 두 명의 임금이 있을 수 없다며 세조를 비꼬았어. 화가 난 세조가 온갖 고문을 했지만, 의연하게 죽음을 맞았지. 그와 함께 박팽년, 하위지, 이개, 유응부, 유성원이 죽음을 맞았어. 이 6명이 사육신이란다.

심문 현장, 세조의 옆자리에는 신숙주가 있었어. 성삼문과는 오랜 집현전 학사 동료이자 친구였지. 성삼문은 신숙주에게 "단종을 잘 보필하라는 선왕의 당부를 잊었느냐!"며 호통쳤어. **신숙주**는 어떻게 해서 세조의 편에 서게 된 것일까?

신숙주는 변절자? 혹은 뛰어난 정치가?

오늘날 우리가 먹는 숙주나물이 신숙주란 이름에서 비롯됐다는 이야기가 있어. 숙주나물의 이름은 원래 녹두나물이야. 녹두나물은 금세 상해 보관이 쉽지 않았다는구나. 신숙주가 변절한 것처럼 쉽게 상하는 나물이라 해서 숙주나물이라 불리기 시작했다는 거야.

신숙주가 이런 평가를 받는 것은 계유정난 이후 세조의 편에 섰기 때문이야. 하지만 계유정난에 신숙주가 직접 참여하진 않았어. 그때 신숙주는 지방에서 근무하고 있었단다.

신숙주는 뛰어난 학자요, 정치인이었어. 성삼문보다 1년 늦게 과거에 급제했지만 이미 세종 시절 종3품까지 승진했지. 일본과 중국 사이에 걸려 있는 외교 현안도 깔끔하게 처리해 주목도 받았어. 신숙주의 인생이 바뀐 것은 세조, 즉 수양대군을 만나면서부터야. 신숙주와 세조는 동갑내기였단다.

문종 통치 2년째인 1452년, 수양대군이 명에 사은사(謝恩使)로 파견됐어. 사은사는 명나라에 은혜를 입은 데 대한 보답으로 보내는 사절을 가리켜. 이때 신숙주가 수양대군을 보필했어. 이 인연을 시작으로 신숙주와 세조는 함께 정치 인생을 걷게 된단다.

세조가 권력을 장악한 후 신숙주는 초고속 승진을 했어. 1454년에는 도승지였지만, 3년 후인 1457년에는 우의정, 다시 5년 후인 1462년에는 최고 벼슬인 영의정에 올랐지. 세조가 세상을 떠난 후에도 신숙주는 예종과 성종을 잇달아 모시며 영의정 벼슬을 지냈어.

세조는 신숙주를 당 태종의 신하인 위징에 비유했어. 위징은 당 고조의 뒤를 잇기로 돼 있는 황태자의 참모였어. 이 황태자는 태종과의 권력 다툼에 져서 황제 자리를 빼앗겼어. 태종은 위징의 인격이 뛰어나고 지략이 뛰어남을 잘 알고 있었어. 그래서 적의 참모였지만 기꺼이 위징을 참모로 받아들인 거야. 세조는 신숙주 또한 인격이 뛰어나고 대의를 결정함에 있어 막힘이 없다고 봤어.

세조는 세종의 둘째아들이야. 첫째아들 향이 1450년 5대 임금 문종이 됐지. 하지만 몸이 약했어. 세종은 둘째 수양대군과 셋째 안평대군이 왕위를 노린다는 사실을 잘 알고 있었어. 바로 그 때문에 충신들을 불러 손자인 단종을 지켜달라고 부탁했어.

이 약속은 지켜지지 못했어. 수양대군이 중국에 사은사로 다녀온 1452년, 문종마저 세상을 떠났지. 훗날 **세조**가 된 수양대군이 서서히

기지개를 펴기 시작했어.

조카를 죽이고 왕이 된 비정한 삼촌, 세조

단종이 왕에 오를 무렵 수양대군의 나이는 35세. 천하를 차지하고 싶은 욕망이 아주 강했어. 하지만 단종 주변에는 김종서를 포함해 명장이 많았어. 섣불리 움직였다간 된통 당할 수가 있지.

수양대군의 동생 안평대군도 야심이 컸어. 호탕한 성품 덕분에 주변에 늘 사람들이 북적였지. 무인보다는 문인이 더 많았어. 안평대군은 학문과 예술에 조예가 깊었단다.

가령 1447년 안견이 그린 『몽유도원도』도 안평대군의 꿈을 그린 작품이야. 안평대군이 무릉도원에 다녀오는 꿈을 꾼 뒤 안견에게 들려줘 그림으로 옮긴 거지. 『몽유도원도』는 현실세계(왼쪽)-무릉도원 입구(중앙)-무릉도원(오른쪽)을 각각 표현했어. 왼쪽에는 산과 강을 그려 현실세계를 나타냈고, 오른쪽에는 복숭아나무를 그려 무릉도원을 나타냈단다.

안평대군은 이처럼 문인 기질이 강했어. 반면 수양대군은 거칠고 권력 욕심이 강했지. 고위 대신들은 안평대군에게 훨씬 우호적이었어. 수양대군은 불안해졌어. 일단 작전상 후퇴가 필요한 시점. 수양대군은 명에 사은사로 가겠다고 자처했단다.

명에 다녀온 후 수양대군이 본격적으로 움직이기 시작했어. '브레인' 역할을 할 전략가가 필요하겠지? 딱 그런 사람이 나타났어. 바로 한명회야.

한명회는 서른이 넘도록 제대로 된 벼슬 하나 얻지 못하던 인물이야. 단종이 왕에 오를 무렵엔 개성의 경덕궁 궁지기를 하고 있었어. 물론 성에 차지 않았지. 수양대군이 그를 만났는데, 단번에 대단한 책략가라는 사실을 알아챘어. 한명회는 수양대군의 최측근이 됐지.

반란을 일으키려면 가장 필요한 게 군대야. 하지만 병사들을 모으다 들키면 끝장이지. 한명회가 아이디어를 냈어. 활쏘기 대회를 한다면 크게 문제없을 거라고 생각했지. 수양대군의 집에 수시로 무사들이 모였어. 물론 활쏘기 대회는 속임수일 뿐이었어.

1453년 10월 10일 밤 수양대군의 무사들이 김종서의 집을 습격했어. 계유정난이 시작된 거야. 수양대군은 반란에 성공했고, 2년 후에는 단종을 쫓아내고 왕위에 올랐지.

세조는 비정한 삼촌이었어. 단종 복위 운동이 실패로 돌아간 후 사육신을 처형했지? 다시 반란이 일어날까봐 집현전을 폐지하고, 단종을 강원도 영월로 유배 보냈어. 그 후 동생인 금성대군이 다시 단종 복위를 시도하자 이번엔 단종을 아예 죽여 버렸어.

세조는 할아버지 태종과 닮은꼴이었어. 태종이 왕자의 난을 통해 왕에 오른 것처럼 세조 또한 반란으로 왕위에 올랐어. 두 사람은 모두 강력한 왕이 되고 싶었어. 대신들이 상의해 주요 정책을 결정하는 의정부 기능을 약화시키고, 왕이 진두지휘했지.

독재자였지만, 그래도 세조는 여러 가지 업적을 남겼어. 대표적인 것만 살펴볼까?

우선 토지 제도를 개혁해 직전법을 실시했어. 그전에는 현직 관료뿐 아니라 퇴직한 관료에게까지 토지를 주는 과전법을 시행했지. 그러다 보니 토지가 바닥났어. 이 때문에 어쩔 수 없이 토지 제도를 고친 거야.

또 하나, 세조 때 조선 통치의 기본 법전인 『경국대전』 편찬 작업이 시작됐어. 벌써 7명의 임금이 탄생했는데, 아직 조선에는 이렇다 할 법전이 없었단다. 물론 정도전이 쓴 『조선경국전』이 있기는 했지만 조금 허술했어. 세조는 『경국대전』을 완성하지는 못했어. 『경국대전』을 반포하고 시행한 왕은 세조의 손자로 9대 왕이 된 **성종**이란다.

성종, 조선 헌법 『경국대전』 반포

1485년 성종은 『경국대전』을 반포했어. 『경국대전』은 오늘날로 치면 헌법과 비슷해. 대한민국의 조직 구성을 포함해 모든 것을 헌법에 담았지? 마찬가지야. 조선의 모든 것이 『경국대전』에 담겨 있단다.

『경국대전』은 6조 체계에 맞춰 이전, 호전, 예전, 병전, 형전, 공전의 6전으로 돼 있어. 이조에 관한 것은 이조, 호조에 관한 것은 호조…. 이런 식으로 각 조가 담당할 분야를 법률로 만들어놓았어. 쉽게 말해 정치, 경제, 사회, 문화 등 모든 영역에서 백성이 지켜야 할 법률을 세분한 거야. 이 법전은 조선이 쇠퇴하는 날까지 적용된단다.

성종은 왕이 되지 못할 뻔했어. 원래 세조의 뒤를 이을 후계자는 의경세자(덕종)였어. 하지만 세자가 급사하는 바람에 둘째아들이 8대 예종이 됐어. 그런데 예종은 1년2개월 만에 세상을 떠났어.

당시 예종의 아들은 고작 4세. 왕이 되기에는 너무 어리지? 세조의 부인이자, 왕실의 큰 어른인 정희대비는 다른 후계자를 찾았어. 궁궐 밖에 나가 살고 있는 의경세자의 둘째아들이었지. 그 아이의 나이는 13세. 그가 왕이 됐어. 바로 성종이야.

성종이 왕이 되는 데는 어머니 소혜왕후의 눈물 나는 노력이 있었어. 그녀는 세조의 측근 한명회와 신숙주 등 여러 권력자들과 접촉했어. 한명회의 딸을 며느리로 삼았지. 든든한 배경을 확보한 셈이야. 그러니 정희대비도 성종을 왕으로 점찍었어. 성종이 왕이 된 후 소혜왕후는 대비가 됐는데, 바로 인수대비야. 훗날 연산군과 큰 갈등을 벌인단다.

성종이 왕위에 오를 무렵 조정은 계유정난 공신들이 장악하고 있었어. 한명회, 신숙주, 정희대비가 왕을 보좌한다는 명목으로 통치했지. 어린 성종은 사실상 허수아비였던 거야.

1476년, 20세가 된 성종은 훈구파와 싸우기로 했어. 그들은 각종 반정과 정난의 공신들로, 대를 이어 권력을 세습해 막강한 세력을 구축했어. 대토지와 노비를 소유해 경제력도 탄탄했지.

성종은 훈구파를 견제하기 위해 사림파를 불러들이기로 했어. 그들은 고려가 망하고 조선이 세워진 이후 낙향한 유학자들이야. 강직하고 때 묻지 않았으며 명분과 도덕을 중요하게 여겼어. 왕도정치를 주장하는 것도 특징이었어. 성종은 그들을 기용하고 집현전의 기능을 살려 홍문관을 설치했어. 한때 중단됐던 경연도 부활시켰지.

이때 성종이 중용한 인물이 김종직이야. **김종직**은 조선 전기, 성리학의 대부였어. 대표적인 학파인 영남학파를 일으킨 주역이기도 해.

성리학 영남학파의 시조, 김종직

김종직의 아버지 김숙자는 성리학에 정통한 인물이었어. 자연스럽게 김종직도 성리학을 배웠지. 어려서는 '삼은' 중 한 명인 야은 길재의 문하로 들어갈 수 있었어. 길재는 조선 건국 후 벼슬을 받지 않고, 밀양에서 제자들을 길러내고 있었단다.

김종직은 23세인 1453년 과거 시험에 합격해 진사가 됐어. 당시는 단종이 살아 있을 때였어. 김종직이 정식으로 벼슬을 얻은 것은 세조가 단종을 몰아낸 이후였지.

조선 전기, 성리학자들은 명분과 정의를 중요하게 생각했어. 계유정난 이후 많은 성리학자들이 지방으로 내려가 정치와 담 쌓은 것도 명분과 정의를 지키기 위함이었지. 김종직도 다르지 않았어. 세조 밑에서 벼슬을 하면서도 공자와 맹자의 사상에 바탕을 둔 도학 정치를 실현해야 한다고 주장했지. 하지만 세조가 받아들일 리 없잖아. 김종직은 관직을 박탈당하고 말았단다.

그 후 김종직은 고향에서 제자들을 가르쳤어. 그의 학문적 깊이는 정평이 난 터라 수많은 학자가 제자로 들어왔어. 김종직은 사림파 성리학자들의 정신적 지도자로 부상했단다. 이 무렵 훈구파의 횡포가 심했어. 정치 개혁을 원한 성종은 김종직을 중앙으로 불러들였어. 김종직은 자신의 제자들을 끌어들였어. 그들은 주로 3사인 사간원, 사헌부, 홍문관에 근무하면서 훈구파를 강하게 비판했어. 훈구파는 위기감을 느꼈어. 사림파와 훈구파의 갈등은 이렇게 시작됐지.

김종직은 노후에 벼슬을 관두고 고향으로 내려왔어. 그리고는 김굉필, 김일손, 남효온, 정여창 등 수많은 학자를 키워냈지. 이들이 1대 제자들이라면 훗날 중종 때 등장한 조광조는 2대 제자라고 할 수 있어. 이 계보를 이어 훗날에는 이황이 등장한단다. 이 학파가 바로 영남학파야.

1492년, 김종직은 62세에 세상을 떠났어. 이때까지만 해도 큰 문제는 없었어. 문제는 7년 후, 1499년 성종실록을 편찬할 때 터졌어. 왕이 세상을 떠나면 그 왕의 실록을 만드는데, 이 실록에 들어갈 기초 자료를 사초(史草)라고 불러. 학자들이 쓰는 건데, 왕도 함부로 못 보는 기밀

문서지. 이 사초에 들어간 김종직의 조의제문(弔義帝文)이 논란이 됐어. 조의제문은 세조가 왕에 오르고 얼마 지나지 않았을 때 쓴 건데, 항우가 초나라 왕 의제를 살해한 것을 비난하고 의제를 애도하는 내용이야. 김종직은 세조를 항우에, 단종을 의제에 비유했어. 그래, 세조를 비난한 풍자시라고 할 수 있지.

김종직의 제자 김일손은 이 조의제문이 의의가 있다고 생각해서 사초에 넣었어. 하지만 훈구파에겐 사림파를 제거하기 좋은 구실이 됐어. 신하가 왕을 비난하는 것은 용납할 수 없잖아? 훈구파의 리더 격인 유자광이 연산군에게 악의적으로 보고를 올렸어.

아버지 성종과 달리 연산군은 폭군이었어. 맘에 들지 않는 사람은 닥치는 대로 고문하고 죽였지. 사림파는 그런 연산군에게 왕의 도리를 할 것을 충고했어. 연산군은 사림파가 죽이고 싶도록 미웠어. **연산군**이 마침내 기회를 잡았어.

조선 최고의 미치광이 독재자, 연산군

연산군은 유자광에게 사림파를 제거하라고 명했어. 대대적인 학살극이 벌어졌지. 사초에 조의제문을 실은 김일손을 비롯해 수많은 사림파가 처형됐어. 김종직의 또 다른 제자 김굉필은 유배됐어. 이미 죽은 김종직은 관을 꺼내 목을 베는 부관참시를 했어.

이 사건이 바로 무오사화야. 결과부터 말하자면, 사림파가 큰 타격을 받았어. 이처럼 사림파가 훈구파와 외척세력의 음모로 탄압받은 사건을 사화라 불러. 이 무오사화를 시작으로 조선 전기에 총 4번의 사화가 발생한단다.

두 번째 사화는 폐비 윤씨 문제가 원인이었어. 내용을 알려면 성종 때로 돌아가야 해.

성종은 한명회의 딸을 부인(공혜왕후)으로 맞았지? 그녀는 자식도 못 낳았고, 성종이 20세가 되기 전 세상을 떠났어. 1476년 후궁 숙의 윤씨가 왕후로 '승진'했어. 같은 해 그녀가 왕자를 낳았는데, 바로 연산군이야.

윤씨는 질투심이 많았어. 성종이 다른 후궁을 총애하자 왕의 얼굴을 할퀴었을 정도야. 성종은 물론 시어머니인 인수대비도 그녀를 마뜩찮아 했어. 결국 1479년 윤씨는 폐비되고, 궁궐 밖으로 쫓겨났어. 그녀가 잘못을 뉘우치자 복위시키자는 주장이 나왔어. 하지만 인수대비와 다른 후궁들의 반대로 1482년 결국 사약을 받았단다.

윤씨가 폐비될 때 연산군의 나이는 고작 3세였어. 그 어린 아이가 어떤 일이 벌어지고 있는지 알 수가 없었겠지. 연산군은 왕에 오를 무렵 사건의 전말을 알게 됐어.

연산군은 윤씨를 왕후의 지위로 돌려놓으려는 복권(復權)을 추진했어. 신하들이 반대했지. 포악한 연산군이 마침내 폭발했어. 다시 학살극이 시작된 거야. 연산군은 윤씨 폐비에 관여한 성종의 두 후궁을 때려 죽였어. 그들의 자식은 귀양 보낸 뒤 죽였지.

인수대비에게도 행패를 부렸어. 화병에 걸린 인수대비도 죽음을 맞았지. 연산군은 이어 당시 윤씨 폐비에 관련된 사람들은 사림파든 훈구파든 가리지 않고 모두 죽였어. 이미 죽은 사람은 부관참시를 했어. 조정에 다시 피바람이 분 거야. 1504년 터진 이 사건이 두 번째 사화인 갑자사화란다.

연산군은 온갖 악행을 일삼았어. 학문을 연구하는 기관에 기생을 끌어들여 술판을 벌인 건 약과야. 백성의 땅을 빼앗아 사냥터로 만들었고, 자신을 비난한 한글 문서가 발견되자 모든 한글 책을 태워버렸어. 심지어 큰어머니뻘 되는 여성을 욕보이기까지 했단다.

결국 1506년 반란이 일어났어. 연산군을 쫓아내는 데 성공했어. 성종과 세 번째 왕비인 정현왕후 사이에서 태어난 진성대군이 11대 중종에 올랐어. 이 반란을 중종반정이라 불러.

이 반란은 대신들이 주도했어. 그러니 중종의 권력이 강할 리가 없지. 왕은 개혁을 원했지만 반정 공신들이 호락호락하지 않았어. 중종은 성종이 그랬던 것처럼 외부에서 개혁가를 기용했어. 바로 김굉필의 제자인 조광조야.

조광조는 김종직이 그랬던 것처럼 성리학에 입각한 도학정치를 꿈꾸었어. **조광조**의 개혁이 시작됐지.

조광조, 유교 이상사회 실현에 헌신하다

김종직의 제자 김굉필은 무오사화 때 지방으로 유배를 떠났어. 조광조는 바로 그 김굉필에게 성리학을 배웠어. 김종직의 학풍이 대대로 이어진 셈이지.

중종 통치 시절인 1510년, 조광조는 성균관에 들어갔어. 젊은 나이였지만 조광조는 그곳에서도 대학자 대접을 받았단다. 5년 후 벼슬을 얻었어. 정통 사림 출신인 조광조는 반정 공신들에게 결코 굽히지 않았어. 반정 공신들에게 휘둘리던 중종은 그런 조광조가 든든했어. 그에게 개혁의 지휘봉을 넘겨줬지.

조광조는 도교에 입각해 제사를 지내는 소격서를 없앴어. 인재 추천 제도인 현량과도 실시했어. 이 제도를 통해 조광조는 지방 사림들을 대거 조정으로 불러들였어.

그는 이상적인 유학 정치, 즉 도학 정치를 꿈꿨어. 백성의 생활 모두를 유교적으로 바꿔 놓으려 했지. 관혼상제 예법을 담은 『주자가례』를 보급하기 시작했어.

지방(향촌)의 자치 규약인 향약을 널리 알리기 시작한 인물도 조광조야. 그는 중국의 『여씨향약』을 번역해 4대 덕목을 보급했어. 덕업상권(좋은 일은 서로 권한다), 과실상규(잘못은 서로 꾸짖는다), 예속상교(예의를 서로 권장한다), 환난상휼(어려울 땐 서로 돕는다)이 바로 그거야. 이 향약은 훗날 이황과 이이가 적극 노력해 전국으로 확산된단다.

사림은 이런 개혁을 적극 지지했어. 하지만 훈구파는 심기가 불편했어. 중종은 미소를 지으며 조광조를 바라보았지.

이런 상황은 조광조가 반정 공신을 구조조정하면서 달라졌어. 조광조는 반정 때 공을 세우지 않았으면서도 공신 행세를 하는 신하들을 명단에서 제거하려 했어. 훈구파가 격렬하게 반발했지. 중종도 적당히 타협할 것을 권했어. 조광조는 말을 듣지 않았어. 끝내 구조조정을 단행해버렸지.

그제야 중종은 조광조가 왕권 강화보다는 도학 정치에만 관심이 있다는 걸 깨달았어. 조광조를 버리기로 결심했지. 훈구파도 왕의 마음을 잘 알고 있었어.

어느 날, 궁중에서 주초위왕(走肖爲王)이라 새겨진 나뭇잎이 발견됐어. 조씨가 왕이 된다는 뜻이야. 주(走)와 초(肖)를 합치면 조(趙)가 되거든. '조'는 조광조를 가리켜. 훈구파는 하늘이 조광조의 반역 음모를 일러준 것이라고 주장했어.

물론 음모였어. 나뭇잎에 글자를 쓴 다음, 글자를 따라 꿀을 발라 놔 벌레가 파먹도록 한 거였지. 중종도 모르진 않았지만 조광조를 두둔하진 않았어. 조광조는 사약을 받았고, 이어 사림파가 탄압받았어. 1519년 일어난 세 번째 사화, 기묘사화야.

조광조의 개혁은 실패로 끝났어. 이후에는 외척들이 왕의 후계자 문제를 놓고 대립했어. 이 과정에서 마지막 사화가 일어났지.

중종에 이어 인종, 인종에 이어 명종이 1545년 왕위에 올랐어. 명종의 외척 세력은 6~7년간 반대파와 사림파를 숙청했어. 200여 명의 대신들이 목숨을 잃었지. 바로 을사사화야.

사림파가 몰락했을까? 아니야. 조선 중기로 접어들면서 성리학은 조선 전체를 지배하기 시작했어. 지방에는 서원과 향약을 중심으로 성리학이 번성했어. 특히 서원은 사설 교육 기관이면서 유교 성현을 모시는 곳이었단다. 을사사화가 발생하기 2년 전인 1543년, 처음으로 서원이 만들어졌어. 바로 백운동서원이지. 이 서원을 만든 사람은 **주세붕**이란다.

주세붕, 최초의 서원을 세우다

주세붕은 청백리(淸白吏)였어. 28세에 벼슬을 시작했는데, 대쪽 같은 성격 때문에 손해를 봤어. 권세를 휘두르는 대신을 꾸짖었다가 지방으로 좌천됐지. 그 후 여러 지방을 다니며 군수 직을 수행했어. 1541년에는 풍기(오늘날 영주) 군수로 발령이 났단다.

풍기 군수 시절, 주세붕은 백성으로부터 큰 존경을 받았어. 식량 생산을 늘려 굶주리는 백성이 없도록 했고, 분쟁이 생기면 명 판결로 해결했지. 오늘날 이 지역은 인삼으로 아주 유명한데, 그것도 주세붕의 덕이야. 그가 인삼 재배를 적극 권했거든. 하지만 주세붕의 가장 큰 업적은 뭐니 뭐니 해도 서원을 만든 거야.

1542년 주세붕은 백운동에 안향의 사당을 세웠어. 안향은 고려 말에 성리학을 국내에 도입한 대학자야. 주세붕은 여기에 방대한 유학 서적을 비치했어. 또한 유생이 머물 수 있는 거처를 새로 짓고, 식량 창고도 만들었지. 누구나 이곳에서 먹고 자면서 공부할 수 있도록 한 거야. 사당이 한층 업그레이드됐지? 1543년 주세붕은 이 사당을 백운동서원이라 불렀어. 최초의 서원이 탄생한 거지.

주세붕은 이 서원에서 사림파 자제들을 교육했어. 또한 성리학의 이치에 대해서도 활발한 토론을 벌였지. 또 이곳을 통해 지방 풍속을 유교적으로 교화했어. 이처럼 서원은 명실상부한 사학교육기관의 역할을 했단다.

하지만 백운동서원의 인기가 대단하지는 않았어. 서원이 큰 성과가 있을까 하고 의심을 품은 학자가 많았기 때문이야. 서원이 전국적으로 확대되는 계기를 만든 인물은 이황이야.

주세붕은 1554년 세상을 떠났어. 이로부터 4년 전인 1550년, 이황이 풍기 군수로 부임했지. 이황은 조정에 백운동서원을 공식 교육기관으로 인정해달라고 요청했어. 명종이 이 요청을 받아들여 땅과 노비, 책, 현판 등을 하사했지. 또한 소수서원이란 이름도 내렸어.

이처럼 정부가 인정하는 서원을 사액서원이라고 해. 백운동서원, 즉 소수서원은 최초의 사액서원이지. 요즘 식으로 말하자면, 정부가 인정한 최초의 사학교육기관인 셈이야. 이때부터 서원은 사림 학자들의 전폭적인 지원을 받으며 전국적으로 확대됐단다. 어때? 주세붕도 **이황**에게 감사해야겠지?

성리학 논쟁에 불을 지핀 대학자 **이황**

이황은 1534년 문과에 급제하면서 벼슬을 시작했어. 세자의 스승을 맡기도 했고, 지방에 어사로 파견되기도 했어. 성균관에서 후배를 가르치는 교수 역할도 했지.

이황도 사화의 여파를 피할 수는 없었어. 을사사화 때는 관직을 박탈당했지. 이후 복직됐지만 이황은 병이 났다며 벼슬을 거절했어. 고향에서 학문에 전념하기 위해서였어. 그 후로도 왕이 몇 차례나 벼슬을 하사했지만 거절하거나 잠시 맡았다가 내놓기를 반복했단다. 명종에서 선조로 왕이 바뀐 후에도 이황은 벼슬을 맡지 않으려 했어.

고향인 예안에 칩거하면서 이황은 지방의 유학 살리기에 힘썼어. 우선 1556년 향약을 운영하기 시작했어. 1561년에는 도산서당을 세워 후학을 양성하기 시작했어. 이 서당은 이황이 죽고 난 후 그의 사당을 모시는 도산서원으로 바뀐단다.

이황은 실제로는 영의정 벼슬을 지내지 않았어. 하지만 그가 죽고 난 후 선조가 그에게 영의정 벼슬을 내렸어. 이황이 얼마나 존경을 받았는지 알 수 있는 대목이야.

실제로 많은 유학자가 이황을 추앙했단다. 그들은 이황을 '동방의 주자'라 불렀어. 주자는 중국 송나라의 학자야. 그가 만든 학문이 주자학이고, 주자학이 곧 성리학이지. 쉽게 말하자면, 주자는 성리학의 창시자라고 할 수 있어. 이황을 동방의 주자라고 부른 걸 보면, 이황이 얼마나 성리학에 통달했는지 짐작할 수 있겠지?

성리학은 우주와 인간의 본성을 연구하는 학문이자 철학이야. 주자는 우주가 형이상학적인 '이(理)'와 형이하학적인 '기(氣)'로 구성돼 있다고 봤어. 이를 이기이원론(理氣二元論)이라고 해.

이황은 이를 나름대로 재해석해 주리론(主理論)을 주장했어. '이가 기보다 우월하다'는 의미야. 이황은 '이'가 움직일 때 '기'가 생긴다고 주장했어. '이'가 훨씬 능동적이고 주체적이란 뜻이야. 성리학은 인간 본성을 연구하는 학문이라 그랬지? 만약 사람의 심성에 이 원리를 도입하면 어떨까?

이황은 사단칠정(四端七情) 이론을 주장했어. 그 내용을 좀 더 들여다볼까? 사단은 측은지심(惻隱之心·남을 불쌍하게 여기는 마음), 수오지심(羞惡之心·제 잘못을 부끄러워하는 마음), 사양지심(辭讓之心·사양할 줄 아는 겸손한 마음), 시비지심(是非之心·옳고 그름을 가릴 줄 아는 마음)이야. '이'에서 비롯된 본성을 말하지.

칠정은 희로애락애오욕(喜怒哀樂愛惡慾)이야. 기쁨, 분노, 슬픔, 즐거움, 사랑, 미움, 욕심 등 인간의 욕구를 가리켜. 이것들은 '기'에서 비롯됐어.

이처럼 이황은 성리학을 이론화하는 데 큰 역할을 했어. 이 사단칠정 이론은 금세 화제가 됐어. 33세의 젊은 유학자 기대승이 이론에 허점이 있다며 비판했어. 이른바 사단칠정 논쟁이 벌어진 거야. 무려 8년간 진행된 이 논쟁에는 이이도 참여했단다.

이황의 이 사상은 바다 건너 일본까지 전파돼 큰 영향을 미쳤어. 이후 영남 지방의 학자들이 이황의 사상을 계승했어. 그래서 이 학파를 영남학파라 부른단다. 반면 이이의 사상을 계승한 학파는 기호학파라 불렀어.

이제 이이에 대해 살펴볼까? 이이는 이황과 정치적 라이벌이 아니었어. 둘은 똑같이 성리학을 공부한 학자야. 이이는 '이'보다 '기'를 강조한 주기론(主氣論)을 주장했단다. 그래, 둘은 학문적 라이벌이었어.

10만양병설을 주장한 주기론자 이이

1558년 이이가 예안에 있는 이황을 찾아갔어. 둘의 운명적인 만남이 이뤄진 순간이야. 23세의 이이는 58세의 대유학자인 이황과 성리학에 대해 논했단다.

이이는 그 후 이황의 주리론에 맞서 주기론을 주창했어. 이이와 성혼이 중심이 된 이 학파가 기호학파야. 경기도와 중부의 기호 지방에서 이름을 땄지.

기호학파는 영남학파와 달리 현실 정치에도 신경을 많이 썼어. 이황과 이이의 삶에서도 두 학파의 차이점을 확인할 수 있어. 이황은 벼슬을 반납한 후 왕이 찾아도 한사코 벼슬을 사양했어. 하지만 이이는 대체로 벼슬을 사양하지 않았어. 현실 정치에서 손을 떼지 않았다는 뜻이야.

영남학파는 성리학의 이념을 바탕으로 이상적인 유교 사회를 건설하는 것을 목표로 삼았어. 하지만 기호학파는 정치 개혁을 통해 부강한 나라를 만드는 데도 많이 신경 썼단다. 어때? 두 성리학파가 같은 듯 다르지?

이이는 어렸을 때부터 신동이라 불렸어. 1548년 13세 때 이미 진사시에 합격할 정도였어. 이이는 1564년에는 대과 시험에서 다시 장원 급제를 했어. 이때까지 그가 본 과거는 총 9번. 이 모든 시험에서 이이는 장원 급제하는 대기록을 남겼단다.

이이는 관직 생활을 주로 삼사나 춘추관에서 했어. 그 후 몇 차례 관직을 반납했다가 다시 얻는 과정을 거쳤어. 1581년 이후 홍문관과 예문관의 대제학(정2품), 이조판서, 병조판서를 잇달아 맡았단다. 이 벼슬은 모두 오늘날의 장관에 해당하는 고위직이야.

이이는 선조에게 여러 차례 개혁안을 만들어 올렸어. 만언봉사나 시무육조가 대표적이지. 특히 기억할 것은, 시무육조에 10만양병설이 들어 있었다는 거야. 왜구의 침략에 대비해 10만 명의 병사를 육성해야 한다는 주장이었지. 만약 이 주장이 받아들여졌다면 임진왜란 때 백성이 그토록 고통당하지는 않았을 거야. 하지만 이 주장은 당시 불거진 당쟁

때문에 무시됐어.

조선 중기로 접어들면서 더 이상 훈구파니 사림파니 하는 구분은 의미가 없어졌어. 정치 노선에 따라 신하들은 노장파와 소장파로 구분됐지. 1572년의 이조 전랑 문제가 그 계기가 됐어.

이조 전랑은 인사를 담당하는 직책이야. 정치적 영향력이 크지. 그러니 두 파벌 모두 이 자리를 차지하려고 혈안이 돼 있었어. 소장파 리더 김효원이 전랑 직에 추천됐지. 그러자 노장파 리더 심의겸이 강하게 반대했어. 김효원은 전랑이 되지 못했어. 2년 후, 재도전! 이번에는 김효원이 이조 전랑의 자리에 올랐어.

1575년 김효원이 이조 전랑에서 물러났어. 다시 소장파와 노장파의 대결이 시작됐어. 김효원이 서울 동쪽에 살았기에 그 파벌을 동인(東人), 심의겸 파벌은 서쪽에 살고 있기에 서인(西人)으로 불렸어. 이 동서분당

(東西分黨) 이후 당쟁(黨爭)이 본격적으로 시작됐단다.

이이는 파벌로만 따지면 서인에 속했어. 하지만 심의겸과 김효원 모두를 비판하며 타협을 촉구했지. 그러나 그의 노력은 결실을 맺지 못했어. 10만양병설을 주장하자 동인들은 쓸데없는 전쟁 공포를 부추긴다고 비판했어. 결국 이이는 좌천됐지.

동인과 서인의 대립은 계속됐어. 얼마 후에는 동인이 온건파인 남인(南人)과 강경파인 북인(北人)으로 분열했어. 나중에는 서인이 노론(老論)과 소론(少論)으로 다시 쪼개져. 이 남인, 북인, 노론, 소론을 사색당파(四色黨派)라고 한단다.

1592년 4월 왜군이 부산에 상륙했어. 임진왜란이 터진 거야. 대신들이 당쟁을 벌이지 않았다면? 10만양병설을 받아들였다면? 이런 후회는 아무 소용이 없었어.

일본은 부산, 동래, 충주를 거쳐 단 20일 만에 수도인 한양을 점령했어. 며칠 후에는 평양까지 집어삼켰어. 선조는 의주까지 부랴부랴 달아났지. 이러다가 조선이 일본에 정복되는 게 아닐까? 바로 그때 조선에 구세주가 등장했어. 바로 **이순신** 장군이야.

반만년 역사상 최고의 해군제독 이순신

임진왜란이 터지고 20여 일이 지난 1592년 5월 7일. 조선이 마침내 첫 승리를 거뒀어. 거제도의 옥포해전에서야. 이 해전을 지휘한 인물이 바로 전라좌수사 이순신이었어.

당시 경상우수사 원균은 일본에 대패해 70척의 군선을 잃었어. 급히 이순신에게 도움을 청했지. 이순신은 보유하고 있던 46척의 군선을 이끌고 바다로 나갔어. 낮 12시경 옥포에서 50여 척의 왜선과 격돌했지. 이 전투에서 이순신은 왜선 26척을 격침시켰어. 조선 해군의 피해는 거의 없었지. 그야말로 대승이었어.

이순신은 합포(마산), 당포(통영), 당항포(고성), 한산도 해전에서 거푸 승리했어. 이로써 충청도와 전라도의 곡창 지대를 사수할 수 있었지. 왜선들이 해안에 상륙하지 못함으로써 육지에 있는 왜군에게 탄약과 식량을 보급할 수 없게 됐어. 왜군이 크게 당황했겠지?

마침 의병들이 전국에서 들고 일어났어. 승려인 휴정과 유정은 승려군을 조직해 싸웠어. 명도 군대를 보내 조선군과 연합해 싸웠지. 곧 평양성을 되찾았어. 행주산성에서는 권율이 활약했지. 왜군은 계속 후퇴할 수밖에 없었어. 전세가 역전된 느낌이지? 결국 일본은 명과 휴전 협상을 시작했어. 명이 조선의 상국이기 때문에 명과 협상한 거야.

협상은 5년이나 계속됐지만 끝내 결렬됐어. 1597년 일본이 다시 침략했어. 이게 정유재란이야.

이 무렵 이순신은 큰 고초를 치르고 있었어. 선조는 "이순신이 왜군을 공격하라는 과인의 명령을 따르지 않았다. 당장 파직하고 서울로 압송하라!"고 명했어. 이순신이 소극적으로 전투에 임한 책임을 묻겠다는 거야. 정말로 그랬는지, 왜 그런 오해가 생겼는지는 분명치 않아.

어쨌든 이순신은 곧 투옥돼 모진 고문을 받았어. 3개월 후 선조는 "이순신은 백의종군하라"며 석방했어. 하지만 불행은 끝나지 않았어. 며칠 후 어머니가 돌아가신 거야. 이순신은 이 모든 과정에서 느낀 감정을 『난중일기』에 자세히 적었단다.

이순신의 공백을 원균이 메웠어. 하지만 그는 이순신만큼 훌륭한 제독이 아니었어. 왜군에게 대패했지. 왜군은 무난히 상륙해 서울로 진격했어. 그제야 선조는 이순신의 능력과 충성심을 깨닫고, 그를 삼도수군통제사로 임명했어. 해군의 1인자 자리를 돌려받았지만 싸울 군선이 턱없이 부족했어. 이때 이순신에게 남은 배는 12척밖에 없었단다.

9월 15일 이순신은 유언장을 쓰듯이 '필사즉생 필생즉사(必死則生 必生則死)'라는 글을 남겼어. 죽음을 각오하고 싸우면 살 것이고, 살려고 피하면 죽을 것이란 뜻이야. 비장함이 느껴지지? 다음 날 명량해전에서 이순신은 일본군선 133척을 침몰시켰어. 기적 같은 승리를 거둔 거야.

이처럼 이순신은 옥포해전부터 최후의 노량해전까지 단 한 번도 패하지 않은 명장이야. 그도 처음에는 문인을 꿈꿨어. 어떤 계기가 있었는지는 확실하지 않아. 그는 결혼한 후 무예를 익히기 시작했고, 문과에서 무과로 시험을 바꿔 준비하기 시작했단다. 1572년에는 타고 있던 말이 넘어지는 바람에 낙방했어. 버드나무 껍질을 벗겨 다리를 싸맨 후 시험을 계속 치렀다는 일화는 유명하지. 이순신은 31세 때 관직 생활을 시작했어.

이순신은 강직했어. 상사가 국가 기물을 맘대로 쓰거나, 인사 횡포를 부리면 반드시 따졌어. 미움도 많이 샀고 좌천의 아픔도 여러 번 맛봤어. 나이 마흔이 넘도록 변방만 떠돌아 다녔지. 그러던 그가 해군 사령관에 오른 것은 쉰을 바라보던 1591년이야. 당시 그의 나이 46세, 정3품에 해당하는 전라좌도 수군절도사로 임명됐단다.

1년 후 임진왜란이 터졌고, 이순신이 조선을 구했어. 이처럼 시의적절하고 통쾌한 인사발령이 또 있겠니?

이제 이순신의 결말을 볼까? 1593년 8월 왜란의 주범인 도요토미 히

데요시가 죽었어. 일본은 전쟁을 포기했지. 퇴각하는 왜선을 이순신이 쫓았어. 11월 19일 노량해전이 터졌어. 이순신은 왜선 200여 척을 침몰시켰지만 이 해전에서 그도 순직했단다. 이 전투를 끝으로 7년간 계속됐던 왜란도 끝났어.

임진왜란으로 한반도가 초토화됐어. 선조는 피난 가는 데 정신이 팔려 백성을 챙기지도 않았지. 선조는 평양에서 분조(分朝)한 뒤 또 달아났어. 분조는 비상사태 때 조정을 둘로 쪼개는 거야. 다행히 세자인 광해군이 평양을 지켰어. 적극 의병을 모집하기도 했지. 고통받는 백성을 위로했어. 백성은 세자 **광해군**을 왕보다 더 많이 따랐단다.

광해군의 중립외교 절묘했지만…

광해군은 후궁의 자식이었어. 아버지 선조는 그를 별로 좋아하지 않았던 것 같아. 다른 후궁이 낳은 왕자(신성군)를 더 예뻐했지. 하지만 신성군은 피난길에 사망했어. 게다가 분조하려면 광해군을 세자로 책봉할 수밖에 없었지.

선조는 끝까지 광해군에게 정을 주지 않았어. 1606년 새 왕비(훗날의 인목대비)가 영창대군을 낳자 세자를 바꾸려 했어. 물론 영창대군이 정실 왕비가 낳은 적통이니 명분은 돼. 하지만 1608년 선조가 급사해 논의가 중단됐고, 광해군이 왕에 오를 수 있었어.

왕이 된 광해군은 임진왜란 후유증을 극복하는 데 전력을 기울였어. 불타버린 궁궐을 복원했고, 세금 제도도 고쳤어. 지방마다 특산물을 공물로 바치던 것을 쌀로 통일한 거야. 이 쌀을 대동미, 이 제도를 대동법이라 불렀단다. 광해군은 또 허준에게 『동의보감』을 쓰게 했어. 이 책은 현재까지도 최고의 한의학 서적으로 알려져 있지.

광해군은 국제 감각도 탁월했어. 일본과 더 이상 갈등할 필요가 없다고 판단해 국교를 회복시켰어. 승려 유정을 대표로 파견해 조선 포로를 데려오도록 했고, 통신사도 다시 보냈단다.

특히 북방 정책은 탁월했어. 1616년 만주에서 후금(청)이 건국됐는데, 놀라운 속도로 성장했어. 광해군은 머지 않아 후금이 명을 능가할 거라고 생각하고, 어느 한쪽도 편들지 않는 중립외교를 펼쳤어.

이 예측은 맞아 떨어졌어. 후금이 명을 공격한 거야. 위기에 처한 명이 조선에 지원군을 요청했어. 사대주의자인 서인은 "상국인 명을 도와야 한다!"며 지원군을 보내자고 했어. 광해군은 고민에 빠졌어. 서인의 의견을 묵살할 수도 없고….

일단 지원군을 보내기로 했어. 그 대신 군대를 이끌고 있는 강홍립에게 명을 적극 돕지 말라는 비밀 지시를 내렸어. 후금을 자극하지 말라는 뜻이야. 광해군의 지시대로 강홍립은 싸우는 척하다가 후금에 투항했어. 덕분에 조선은 별 피해 없이 넘어가는 듯 했어.

탁월한 외교였지만, 서인에게는 명을 배신하는 행위로밖에 보이지 않았지. 서인은 광해군을 비열하다고 생각했어. 사실 이 무렵 광해군은 당쟁 때문에 극도로 지쳐 있었어. 서인은 광해군의 모든 행동을 비판했지. 광해군은 왕위를 빼앗길지도 모른다는 두려움에 떨었어. 자기 방어를 위해서였을까? 광해군은 무서운 폭군으로 돌변했어.

자신의 친형인 임해군, 배다른 형제인 영창대군을 먼저 죽였어. 그들이 모반을 꾸미고 있다는 혐의였어. 정말 그랬을까? 그건 확실히 몰라. 확실한 것은, 당쟁의 부작용으로 이런 비극이 벌어진다는 사실이야.

1618년 광해군은 아버지 선조의 부인, 그러니까 인목대비까지 폐비 시켰어. 신분을 후궁으로 강등시킨 후 집안에 가뒀지. 이 조치가 서인에게 정권 타도의 빌미를 줬어. 1623년 서인들은 광해군을 패륜아라고 비난하며 반란을 일으켰어. 광해군은 축출됐고, 능양군이 **인조** 임금이 됐어. 이 사건이 바로 인조반정이야. 광해군은 유배지에서 생을 마감했 단다.

시대착오적 국왕의 전형, 인조

인조는 무능했고 서인 정권은 현실감이 떨어졌어. 이들이 모여 정치를 하니, 조선의 앞날은 캄캄할 수밖에.

이들은 국제 정세를 바라보는 안목도 없었어. 후금이 강대국으로 떠오르고 있는데도 오로지 명만 숭상하는 친명배금 정책을 펼쳤어. 후금이 외교 관계를 맺자고 해도 거절했어. 인조와 서인 정권이 얼마나 꽉 막혔는지 짐작할 수 있겠지?

1627년 후금의 3만 대군이 조선을 침략했어. 정묘호란이야. 조정은 강화도로 대피했어. 하지만 결국에는 강화 조약을 체결해 후금과 형제 관계를 맺었지. 인조와 서인 정권은 오랑캐 후금에게 항복한 게 자존심이 상했어. 후금이 돌아가기가 무섭게 다시 친명배금을 크게 외쳤지. 후금의 2차 침략에 대비하기 위해 군대를 강화하고 성을 수리했단다.

후금은 곧 명까지 위협하는 동북아시아 최대 강대국으로 성장했어. 후금은 조선에 자신을 왕의 나라로 모시라고 협박했지. 인조와 서인 정권은 거절했어. 1636년 후금이 국호를 청으로 바꾼 뒤 조선을 침략했어. 이 전쟁이 바로 병자호란이야.

청의 군대는 불과 12일 만에 개성에 들이닥쳤어. 초비상! 조정은 다시 강화도로 피난을 가려 했어. 하지만 이를 예상한 청의 군대가 피난길을 막아버렸어. 조정은 어쩔 수 없이 방향을 바꿔 남한산성으로 도망갔단다.

이틀 후 청의 선봉 부대가 남한산성을 포위했어. 보름 후에는 청 태종이 지휘하는 본진이 도착했지. 때는 겨울이었어. 혹독한 추위가 찾아왔지. 성 안의 식량은 아끼고 아껴도 50일치가 되지 않아. 굶거나 얼어 죽는 병사가 늘어났어.

방법이 없었어. 1637년 1월 인조는 세자와 대신들을 모두 거느리고 남한산성 밖으로 나왔지. 삼전도의 제단(수항단)에서 바닥에 이마를 찧으며 청 태종에게 항복 의식을 치렀어. 이 사건을 '삼전도의 굴욕'이라고 불러. 보름 후 청나라는 군대를 철수시키면서 세자(소현세자)와 왕자(봉림대군), 삼학사 대신들(홍익한, 오달제, 윤집)을 인질로 끌고 갔어.

청의 간접 지배가 시작됐어. 소현세자는 무려 8년이나 청에 인질로 잡혀 있어야 했지. 1645년 소현세자가 왕위를 잇기 위해 귀국했어. 이게 웬일이야! 그가 급사하고 말았어.

그의 죽음은 오늘날까지도 미스터리로 남아 있어. 인조와 서인들이 독살했다는 분석이 많아. 소현세자가 달라졌기 때문이야. 무슨 소리냐고? 소현세자는 청에 머무는 동안 첨단 문물을 많이 접했어. 그 결과 조선이 강성해지려면 낡은 성리학에 매달릴 게 아니라 청을 배워야 한다고 생각했어. 청을 철천지 원수로 여기는 인조와 서인에게 이런 주장은 배신, 그 자체야.

인조는 소현세자의 아들, 그러니까 손자에게 왕위를 넘겨주지 않았어.

왕위는 소현세자의 동생, 즉 봉림대군에게 넘어갔어. 이 또한 정상적인 절차는 아니야. 이런 경우 보통 손자가 왕위를 이어받거든. 인조가 독살했다는 주장이 설득력이 있지?

1649년 봉림대군이 왕위에 올랐어. 바로 17대 국왕 효종이야. 효종은 '삼전도의 굴욕'을 되갚아주겠노라며 별렀어. 인조가 참으로 맘에 들어했겠지?

효종은 김상헌, 송시열, 김집과 같은 반청파 대신들을 다시 기용했어. 북벌을 위해 군대도 강화했지. 하지만 북벌의 꿈은 이루지 못했어. 오히려 청나라의 요청으로 1654년과 1658년, 두 번이나 러시아 정벌에 군대를 파견해야 했어. 이 사건을 나선정벌이라 부르지. 나선은 러시아를 가리켜.

인조와 그 뒤를 이은 효종 시절, 서인이 기세등등해졌어. 효종의 뒤를 이은 현종 때는 남인이 정권을 잡았지. 당쟁은 갈수록 격화됐어. 당쟁은 현종의 뒤를 이은 **숙종** 때 절정에 이른단다.

숙종, 당쟁과 환국의 시절 맞다

1696년 안용복이 일본에 가서 울릉도와 독도가 우리 땅이란 사실을 인정받고 돌아왔어. 1708년에는 1608년 첫 시행 이후 100년간 차츰 확대 실시했던 대동법을 황해도까지 확대해 드디어 대동법이 전국에 걸쳐 완전하게 실시된 거지. 1712년에는 백두산정계비를 세워 청나라와의 국경을 확정지었어.

이 모든 일이 숙종 통치기에 일어났어. 하지만 누가 뭐라 해도 숙종 때는 당쟁과 환국의 시절이었어. 우선 그동안의 당쟁 역사부터 대충 살펴볼까?

임진왜란 초기에는 남인이 강했지만 전쟁이 끝날 무렵에는 북인 정권이 탄생했어. 광해군이 왕이 되는 과정에서 북인이 대북과 소북으로 분열됐어. 대북은 광해군을, 소북은 영창대군을 지지했어. 광해군이 왕위에 올랐으니 대북의 승리. 대북의 리더중 한 사람이 『홍길동전』을 쓴 허균이었어.

인조반정 후에는 서인이 권력을 잡았어. 서인으로서는 30여 년 만의 정권 탈환이었어. 서인은 북인을 모조리 없애 버렸지. 조정에는 여당인 서인과 야당인 남인만 남았어.

숙종이 즉위할 무렵 할머니뻘인 효종의 왕비(인선왕후)가 세상을 떠났어. 이 무렵, 인조가 늘그막에 맞아들인 젊은 왕비(자의대비)가 살아 있

었는데, 그녀는 상복을 얼마 동안 입어야 할까? 이게 논쟁으로 번졌어. 1674년의 예송 논쟁이 바로 그거야.

현종은 1년간 상복을 입어야 한다고 주장하는 남인의 손을 들어줬어. 남인의 승리! 서인 정권은 몰락하고, 다시 남인 정권이 들어섰지. 서인은 이를 갈았어. 남인을 어떻게 몰아낼까?

1680년 일부 남인이 왕위 찬탈을 위한 음모를 꾸민다는 보고가 숙종에게 들어왔어. 사실이었을까? 그건 중요하지 않아. 서인이 조작한 사건일 수도 있지. 중요한 것은, 숙종이 남인을 내치기로 했다는 사실이야. 어쩌면 숙종도 비대해진 남인 세력을 약화시키고 싶었는지도 몰라. 기다렸다는 듯 남인의 리더인 허적과 윤휴를 처형하고, 나머지 남인도 모두 내쫓았어. 다시 서인 정권이 들어섰어.

권력 투쟁의 결과 이처럼 정권이 뒤바뀌는 상황을 환국(換局)이라고 해. 이 사건은 경신환국이야. 숙종 때만 이런 환국이 세 차례 발생한단다. 숙종은 왕권을 강화하는 방편으로 환국을 이용한 거야. 그런 측면에서 보면 숙종은 꽤나 영리한 군주였던 것 같지?

서인도 권력을 잡은 후 강경파는 노론(老論), 온건파는 소론(少論)으로 분열했어. 노론의 리더 송시열은 여전히 명을 숭상하고 청을 정벌해야 한다는 입장이었어. 하지만 소론의 리더 윤증은 청과 외교 관계를 맺는 게 실리적이라고 주장했어.

이 서인 정권은 9년간 유지됐어. 1689년 다시 기사환국이 일어나 남인에게 정권이 넘어갔지. 이 환국이 어떻게 일어났을까?

1688년 후궁 장옥정이 아들을 낳았어. 숙종은 그 아이를 미래의 세자, 즉 원자로 삼으려 했어. 장옥정은 남인 가문 출신. 서인 노론의 리더 송시열이 결사반대했어. 아직 정실부인인 인현왕후가 젊기 때문에 더 기다려야 한다는 거야. 숙종은 그를 유배 보냈지.

얼마 후 숙종은 인현왕후의 행실이 올바르지 못하다며 폐비 시켰어. 장옥정이 왕비가 됐지. 서인은 "절대 있을 수 없는 일이다"며 반발했어. 화가 난 숙종은 송시열에게 사약을 내리고 서인을 모두 내쳤어. 정권은 남인에게 넘어갔지. 이게 바로 기사환국이야.

다시 들어선 남인 정권은 오만했어. 인현왕후를 폐비한 것도 지나친 처사였지. 권력을 가진 장옥정의 횡포도 심했어. 결국 숙종은 뒤늦게 후회하기 시작했어.

1694년 서인 일부가 인현왕후 복위운동을 시작했어. 남인이 가만히 있을 리 없겠지? 서인이 줄줄이 고문장으로 끌려갔어. 그 과정을 지켜보면서 숙종은 남인을 그대로 둬선 안 되겠다고 생각했어. 남인을 몰아내고 다시 서인을 불러들였지. 이게 갑술환국이야.

당쟁이 지긋지긋해지지? 왕이라고 그런 생각을 하지 않았을까? 이 문제를 해결하겠다고 도전장을 던진 왕이 있어. 바로 **영조**야.

영조, 당파 싸움에 칼을 들다

1724년 21대 국왕에 영조가 등극했어. 조선 후기 왕 가운데 영조만큼 강력한 왕권을 행사한 인물도 드물어. 게다가 영조는 무려 52년간 조선을 통치했어. 이처럼 장수한 왕도 흔치 않지.

인현왕후는 끝내 아들을 낳지 못했어. 장옥정이 낳은 아들이 세자가 됐지. 하지만 장옥정이 사약을 받았기 때문에 세자의 자격 문제가 거론됐어. 소론은 장옥정의 아들을 지지했고, 노론은 또 다른 후궁의 자식인

연잉군을 지지했어.

숙종의 마음도 오락가락했어. 하지만 결론을 내지 못하고 1720년 세상을 떠났어. 숙종은 세자를 왕에 오르도록 하고, 그 다음 왕에는 연잉군이 오르도록 하라는 유언을 남겼단다. 이에 따라 세자가 경종이 됐고, 그가 사망하자 연잉군이 영조에 오른 거야.

영조는 왕에 오르기까지 많은 우여곡절을 겪었어. 심지어 목숨을 잃을 뻔도 했지. 그 모든 게 당쟁 때문이라고 영조는 판단했어. 영조는 어느한 당파가 득세하게 내버려 둬서는 당쟁을 없앨 수 없다고 생각했어.

사실 영조는 자신을 지지한 노론에 더 우호적이었어. 아무래도 팔은 안으로 굽는 법이니까! 하지만 영조는 노론이라 해도 강경파는 멀리했어. 자신을 몰아내려던 소론 중에서도 온건파는 발탁했지. 이렇게 해서 당파 균형을 맞춘 영조는 1727년 탕평(蕩平) 교서를 내렸어. 당파를 따지지 말라는 뜻이야. 이 정책이 바로 탕평책이란다.

영조는 나아가 1730년 노론과 소론의 거물을 한자리에 불러 화해하도록 주선했어. 정승 자리도 똑같이 두 당파에 나눠줬어.

당쟁과의 전쟁은 영조의 재위기간 내내 계속됐어. 1742년에는 성균관 앞에 탕평비를 세웠어. 1772년에는 같은 당파끼리는 결혼을 금지하기도 했어. 하지만 이처럼 철두철미했던 영조도 당쟁에 휘말려 큰 실수를 했어. 바로 사도세자 문제야.

사도세자는 1753년 세자로 책봉됐어. 후궁 영빈 이씨의 아들이었어. 사도세자란 이름은 훗날 영조가 자신의 잘못을 뉘우치며 붙여준 이름이야. 나중에 정조는 이와 별도로 '장헌'이란 시호를 올렸어. 그래서 장헌세자라고도 부르지.

사도세자는 영특했어. 하지만 노론보다 소론과 어울린 게 화근이었어. 노론은 사도세자가 왕이 되면 자신들의 처지가 위태로워질 것이라 생각했어. 노론은 세자의 허물을 영조에게 고자질했어. 영조의 마음은 점점 세자를 떠났지.

1762년 노론이 작심한 듯 영조에게 세자의 잘못을 조목조목 고해바쳤어. 영조는 사도세자에게 자결을 명했어. 겁에 질린 세자가 자결하지 않자 뒤주에 가둬버렸단다. 8일 동안 물도 밥도 주지 않았어. 세자는 그렇게 뒤주 안에서 죽음을 맞았지.

세자가 잘못한 점도 분명 있어. 하지만 뒤주 안에서 개죽음당할 정도는 아니었지. 결국 당쟁을 잡겠다던 영조가 그 당쟁에 넘어가 자식을 죽인 꼴이 됐어. 그렇다면 이 탕평책은 완전히 성공했다고 할 수 없겠지?

비록 자식을 제 손으로 죽였지만 영조는 백성을 위한 정치를 한 왕이야. 1750년 영조는 균역법을 시행했어. 당시 성인은 모두 국방의 의무를 지고 있었어. 하지만 농사를 소홀히 할 수는 없어. 그 때문에 군대에 가지 않는 대신 군포를 내기도 했어. 균역법은 이 군포의 양을 2필에서 1필로 줄인 제도란다.

영조는 또 고구마를 일본에서 수입해 구황작물로 활용토록 했어. 귀한 곡물을 술로 만들지 못하도록 금주령을 내리기도 했지. 신문고 제도도 부활했어. 영조의 이런 노력 때문에 나라가 많이 안정됐어. 이어 사도세자의 아들이자 영조의 손자가 1776년 왕위에 올랐어. 그가 바로 **정조**야.

조선 르네상스 이끈 군주, 정조

25세의 나이로 왕위에 오른 정조는 왕이 되기까지는 참으로 험난한 시간을 보냈어.

당시 집권세력은 노론이었어. 노론은 사도세자에 비판적인 벽파와 죽음을 동정하는 시파로 분열됐어. 노론 벽파는 사도세자의 아들인 정조가 왕이 되지 못하게 방해공작을 벌였어. 정조는 몇 차례나 죽을 고비를 넘겨야 했단다.

즉위한 후 정조는 악질적인 벽파를 숙청하기 시작했어. 왕족이라 해도 죄질이 나쁘면 사약을 내렸어. 이런 과정을 통해 정조는 점점 강력한 왕으로 거듭났지.

3~4년에 걸쳐 숙청을 마무리한 정조는 부패하지 않은 인사들을 조정으로 불러들였어. 대부분이 남인이었어. 하지만 노론 벽파를 모두 멀리한 건 아니야. 벽파의 리더에 속하는 심환지를 정승으로 임명해 국가 중대사를 논의한 것만 봐도 이 점을 알 수 있지.

정조는 또 지방의 학자들을 대거 등용했어. 그동안 소외됐던 서북 지역에도 신경 썼지. 정조는 이런 노력을 통해 당쟁을 해소하는 데 심혈을 기울였어. 그 결과 할아버지 영조가 이루지 못한 탕평을 마침내 완성해냈어.

정조가 강력한 개혁을 밀어붙일 수 있었던 두 가지 원동력이 있어. 하나가 규장각이고, 또 하나가 장용영이야.

원래 규장각은 역대 임금의 글자나 서화를 보관하던 일종의 도서관이었어. 정조는 이런 규장각을 개혁의 사령탑으로 변신시켰지. 직접 학자들을 뽑아 학문을 연구하도록 했어. 그 학자들은 정조에게 충성했으며 개혁의 전면에 나서 노회한 신하들과 싸웠단다.

서얼에게도 규장각의 문은 열려 있었어. 정조는 이곳에 검서관이란 실무직을 두고, 유능하지만 서얼이란 신분 때문에 관직에 나서지 못하는 젊은이들을 기용했어. 이때 검서관에 임명된 서얼로는 박제가, 이덕무, 유득공 등이 있어.

이들에게는 공통점이 있어. 첫째, 모두 박지원의 제자였어. 둘째, 청나라에 다녀와서 우수한 문물을 받아들여야 조선이 부강해진다고 주장했어. 이들을 북학파(北學派)라고 불렀어. 북학파는 실학의 한 갈래란다.

정조 시절에는 이처럼 실학이 크게 융성했어. 실학이 발달하면서 우리 문화에 대한 관심도 커졌어. 그 결과 역사나 지리 같은 학문도 발달했단다. 가령 안정복은 『동사강목』을 통해 고조선부터 고려까지의 역사를 체계적으로 정리했어. 유득공은 『발해고』를 써 처음으로 발해의 역사를 우리 민족의 역사 안으로 끌어들였어. 김정호는 한반도 곳곳을 돌아다니며 얻은 지리 정보로 '대동여지도'를 만들었지.

이번엔 장용영에 대해서 살펴볼까? 장용영은 1793년 만들어진 군대야. 정조를 호위하며 정조에게만 충성할 것을 목표로 만든 장용위가 장용영으로 확대된 거야. 수도인 한양을 담당하는 내영, 수원 화성을 담당하는 외영으로 나눴어.

정조는 수원 화성을 제2의 수도로 여겼어. 기존의 성과도 확실히 달랐어. 성은 전투를 치르기 위해 쌓는 거지? 하지만 수원 화성은 자급자족형 도시에 가까웠어. 농장인 둔전을 조성했고, 저수지도 만들었어. 왜 그랬을까? 확실하지는 않아. 다만 정조가 개혁 과정에서 노론에게 밀릴 경우 수원 천도를 계획했을 수도 있다는 분석이 나오고 있단다.

정조는 1791년 자유 상인들이 맘대로 장사할 수 있도록 신해통공을 발표했어. 이 정책에 따라 상업을 적극 장려했지. 특히 수원을 상업 중심지로 육성하려 했단다.

수원 화성은 1794년 1월 공사에 들어가 2년 9개월 만에 완공됐어. 건축 기간이 꽤 짧지? 첨단 건축 기법을 도입했기 때문이야. 처음으로 벽돌과 거중기가 이용됐거든. 전문가들은 수원 화성을 최초의 근대 건축물로 평가한단다.

수원 화성을 설계한 인물은 정약용이야. **정약용**은 정조의 최측근 중 한 명이었어. 또한 실학의 한 파벌인 중농학파의 거두이기도 하지.

공동소유-공동경작을 주장한 실학자, 정약용

정약용은 대실학자야. 당연히 실학에 대해 살펴봐야 해.

실학은 실생활에 도움이 되는 학문이란 뜻. 실사구시(實事求是)를 이념으로 하고 있어. 17세기 초반 태동했지. 1614년 이수광이 청에 사신으로 갔을 때 경험한 서양 문물을 20권짜리 백과사전『지봉유설』에 소개했어. 1670년에는 유형원이 26권짜리『반계수록』을 썼어. 제작비는 조정이 댔단다. 그러니까 정부의 지원으로 만든 실학 서적인 셈이야.

이 두 학자가 실학의 선구자야. 두 학자 모두 조선의 부국강병을 주장했어. 다만 개혁의 방향은 조금 달랐어. 이수광은 서양 문물을 받아들이자고 했고, 유형원은 토지 제도를 개혁하자고 했어.

이수광을 계승한 학자로는 박지원, 홍대용, 박제가, 유수원, 유득공 등이 있어. 이들은 북학파라 불렸어. 상공업의 발전을 주장했기에 중상학파, 편리성을 늘려 삶을 풍부하게 해야 한다고 주장했기에 이용후생(利用厚生) 학파라고도 해.

유형원을 계승한 학자는 이익이야. 그는『성호사설』에서 조선이 중국에 의존하지 말아야 한다고 주장했어. 농민에게 필요한 최소한의 토지는 거래하지 못하도록 할 것을 제안했어. 그는 대체로 토지 제도와 농업 개혁을 강조했어. 이 때문에 중농학파라 불러. 이 학파의 이념이 경세치용이야. 그래서 경세치용(經世致用) 학파라고도 불러.

정약용은 일찍이 경세치용 학파 리더인 이익의 사상을 공부했어. 이후 평생 개혁 운동에 몸을 바쳤고, 오늘날에는 조선 후기 최고의 실학자로 평가받고 있지.

정약용은 20대 초반에 서학(西學)을 처음 접했어. 그때는 천주교를 서학이라 불렀어. 사실 당시에는 개혁을 꿈꾸는 많은 젊은 지식인이 천주교에 빠져들었어. 주로 남인들이었지. 당장이야 별 문제는 없었어. 하지

만 이 때문에 나중에 큰 곤란을 겪게 된단다.

정약용은 1789년 관직 생활을 시작했어. 정조의 총애를 받으며 여러 개혁을 추진했어. 이익으로부터 쭉 내려온 실학사상이 비로소 빛을 보게 되는 걸까? 아니야. 노론 대신들이 가만히 있지 않았어. 집요한 방해! 그들이 정약용의 사상을 거부하는 명분 중 하나가 바로 서학이었어. 성리학의 이념을 거부하고 서양 오랑캐들의 신앙을 추종한다고 비난했어.

정약용은 관직에 있는 동안 내내 서학 추종자라는 비난을 당해야 했어. 그래도 정조가 그를 신임하니 당장은 큰 피해를 당하지 않았지. 하지만 1800년 정조가 갑자기 세상을 떠난 후 고난이 시작됐어.

1801년 천주교에 대한 대대적인 박해가 시작됐어. 바로 신유박해야. 이 사건으로 천주교 신도인 남인이 여럿 처형됐어. 정약용도 귀양을 갔단다. 전남 강진에서의 귀양살이는 무려 18년이나 계속 됐어. 그가 머물렀던 곳이 오늘날의 다산초당이야.

유배지에서 그는 학문 연구에 돌입했어. 그 덕분에 훗날 『경세유표』와 『목민심서』 같은 대작을 내놓을 수 있었지. 『경세유표』는 조선의 개혁 방향을 논한 책이야. 『목민심서』는 수령이 갖춰야 할 덕목을 제시한 책이고.

정약용이 관직에 있던 기간은 그리 길지 않아. 그가 높은 평가를 받는 것은 이처럼 여러 개혁 이론을 완성했기 때문이야. 그는 백성을 위한 정치, 즉 민본정치를 최고의 정치로 손꼽았어. 농지 개혁과 관련해서는, 한 마을의 주민들이 공동으로 토지를 소유하고, 공동으로 경작하며, 생산물도 노력한 만큼 균등하게 분배하는 여전제를 주장했어.

하지만 안타깝게도 그의 이런 이론들은 현실 정치에서 실현되지 못했어. 중농학파 학자들이 대부분 남인이었기 때문이야. 정권은 노론이 장악하고 있었으니 현실에서 실학이 꽃피우기는 어려웠어.

중농학파, 즉 경세치용 학파만 그런 게 아니야. 북학파, 즉 이용후생 학파의 사정도 썩 좋지는 않았어. 북학파의 리더인 **박지원**은 심지어 정조로부터도 배척당했단다. 어떻게 해서 그런 일이 일어난 것일까?

박지원, 조선의 허위의식을 풍자하다

북학파는 노론 계열 학자들이 만든 실학파야. 하지만 박지원과 홍대용을 제외하고 나머지 박제가, 이덕무, 유득공은 모두 서자였단다. 고위 관료가 될 수 없으니 그들의 주장도 현실에서 힘을 발휘하지 못했어.

간단하게 이들의 주장을 살펴볼까? 박지원은 상공업을 적극 장려하자고 했고, 홍대용은 기술을 혁신해야 한다고 했어. 박제가는 생산과 소비를 늘리고 청나라와 통상을 강화해야 한다고 주장했지.

정조 집권 초기, 박지원은 상당히 위축돼 있었어. 당시 정조의 측근인 홍국영이 반대파를 제거하면서 박지원을 노렸기 때문이야. 박지원은 황해도 금천에 있는 연암 골짜기에서 은둔 생활을 했어. 그의 호 연암이 이렇게 해서 생긴 거야.

박지원이 서울로 돌아온 것은 1780년. 이 무렵 홍국영은 정조의 눈밖에 나서 지방으로 좌천됐단다. 박지원의 컴백을 막을 인물이 사라진 셈이지. 금상첨화(錦上添花)라 할까? 같은 해, 청나라로 가는 사절단에 합류하게 됐어.

박지원은 이미 10년도 훨씬 전부터 서양에 관심을 가졌어. 조선 개혁도 간절히 원했지. 허위의식에 사로잡힌 양반을 신랄하게 비판하는 『양반전』같은 풍자소설도 썼어. 그런 박지원이었으니 나라 밖 사정이 궁금했을 테고, 청나라 여행은 아주 좋은 기회였지.

박지원은 중국 북부와 남만주, 열하를 여행하고 돌아왔어. 열하는 청 황제 건륭제의 별장이 있는 곳이야. 정치와 경제, 문화가 상당히 발달한 도시였지. 박지원은 충격에 빠졌어. 성리학자들이 오랑캐라며 무시한 청이 그토록 발전해 있을 거라고는 상상도 못했던 거야. 박지원은 청의 발전상을 알리고, 조선이 얼마나 뒤떨어져 있는지 알려야 한다고 생각했어. 그렇게 해서 쓴 책이『열하일기』야.

『열하일기』에는『허질』을 비롯해 풍자소설 여러 편이 수록돼 있었어. 곧 젊은 지식인들의 주목을 받기 시작했어. 그들은 박지원에게 가르침을 받고 싶어 했어. 박지원은 서얼 출신도 제자로 받아들였지. 이렇게 해서 북학파가 본격적으로 발전하기 시작한 거야.

『열하일기』는 내용과 형식 모두에서 근대 세계를 지향했다는 평가를 받고 있어. 조선의 허위의식을 비판한 점은 이미 언급했지? 문체 또한 경쾌하고 단도직입적이며 파격적이란 평가를 받았단다. 이점 때문에『열하일기』는 시련을 맞았어. 때는 1792년. 박지원이 경상도 안의현감으로 있었을 때야. 정조 임금의 편지가 도착했어. 편지 내용은 이랬어. "박지원의『열하일기』는 문체가 바르지 못하다. 반성하라!"

정조가 아무리 개혁 군주라 해도 성리학이 근본으로 여겨지던 시대야. 사실 이 무렵에는 한글 소설, 사설시조, 판소리 등 민중 문학이 융성했어. 대표적인 것이『흥부전』『춘향전』『심청전』같은 거야. 김홍도는 서민의 삶을, 신윤복은 부녀자의 생활을 담은 풍속도를 많이 그렸어. 그래, 서양의 르네상스에 비유될 만큼 문화가 발달했지.

하지만 여전히 조선은 중세 시대였어. 실학자들의 경쾌하고 직접적인 문체는 경박해 보였어. 정조는 올바른 문장으로 돌아가자는 문체반정(文體反正) 운동을 벌이기 시작했어. 정조는『열하일기』가 경박한 문체의 시초라고 생각했어. 하지만 박지원을 완전히 쫓아낼 생각은 없었지. 박지원이 반성한다는 답신을 보내자, 없던 일로 해주고 넘어갔단다.

박지원과 정약용은 정조가 없었다면 제대로 빛을 발휘하지 못했을 수도 있어. 그만큼 정조의 영향은 커. 이 전성기는 정조가 세상을 떠남으로써 사라졌어. 정치는 후퇴했어. 세도정치가 시작됐지. 부패한 정치에 화가 난 농민들이 전국적으로 반란을 일으켰어. 평안도에서도 역사적으로 의미가 큰 반란이 일어났단다. 바로 **홍경래**의 난이야.

홍경래, 평등사회 건설을 꿈꾸다

1811년 12월 18일 평안도에서 반란이 일어났어. 몰락한 양반, 상인, 평민, 노비…. 반란에 참여한 신분은 각양각색이었어. 반란군 지도자 홍경래는 모두가 평등한 사회를 건설하자고 외쳤어.

정조의 뒤를 이은 순조는 무능했어. 순조의 장인인 김조순이 모든 권력을 장악했지. 이때부터 외척인 안동 김씨가 최고의 세도가로 떠올랐어. 순조, 헌종, 철종의 3대 국왕이 통치하는 60여 년간 외척인 안동 김씨와 풍양 조씨가 번갈아 권력을 장악한 것을 '세도정치'라 부른단다. 조선 역사상 가장 부패한 시기라고 할 수 있어.

안동 김씨는 국왕을 뛰어넘는 권력을 가졌어. 모든 관직을 독차지했지. 안동 김씨 집안은 인사 청탁하는 사람들로 북적였고, 창고는 그들이 들고 온 선물로 넘쳐났어. 검은 돈을 주고 산 관직이니 깨끗할 리가 없지. 그런 사람들은 부임하자마자 탐관오리가 됐어. 백성의 등골을 빼먹고 고혈을 짜냈지. 어떤 수법을 동원했느냐고?

조선 후기 3대 국가 재정은 농지에 부과하는 전정(田政), 군역 대신 군포를 내는 군정(軍政), 춘궁기에 곡식을 빌렸다 수확기 이후에 갚는 환정(還政)이야. 이를 삼정(三政)이라고 하지. 탐관오리들은 이 삼정을 제멋대로 악용했어.

전정에는 세금의 몇 배를 부과했어. 세금을 못 내면 농지를 가로챘어. 군정 수입을 늘리려고 갓난아이에게 '황구첨정', 죽은 사람에게 '백골징포'를 물렸어. 환정은 환곡이라고도 했는데, 강제로 식량을 빌려주고는 돌려받을 때 이자를 잔뜩 얹었지. 요즘의 고리대금업과 비슷해.

삼정이 극도로 혼란해졌어. 탐관오리만 살을 찌우고, 백성은 도탄에 빠졌지. 곳곳에서 농민들이 반발하기 시작했어. 이처럼 조선이 타락했기 때문에 홍경래의 난이 터진 거야.

홍경래는 몰락한 양반 가문 출신이었어. 몇 차례 과거 시험을 치렀지만 매번 낙방했어. 벼슬을 살 돈도 없었어. 그러니 시험에 급제하기는 사실상 불가능했지. 홍경래는 썩은 나라를 뒤엎기로 했어. 오랜 시간 봉기를 준비했어. 사람들을 끌어 모았고, 자금을 충분히 비축했어.

마침내 봉기했어. 처음에는 성공하는 듯했어. 곽산과 정주를 잇달아 점령했어. 반란군의 기세가 하늘을 찔렀지. 하지만 정부군이 전열을 가다듬고 반격을 개시하자 반란군의 대오가 무너지기 시작했어. 몇 번의 전투에서 반란군이 패했어. 패색이 짙어졌지.

1812년 4월 반란군이 완전 진압됐어. 홍경래는 전사했어. 하지만 그를 따르던 사람들은 그 죽음을 믿지 않았어. 민중은 홍경래가 살아 있을 거라고 생각했어. 홍경래에 대한 믿음이 얼마나 강했는지 알겠지?

1862년 진주에서도 대규모 농민봉기가 일어났어. 농민군은 삼남 지역을 장악했고, 세력을 전국으로 확대시키려 했어. 하지만 이번에도 얼마 지나지 않아 정부군에게 진압되고 말았단다.

농민들은 의지할 곳을 찾기 시작했어. 삶이 고단하고 힘들수록 어딘가에 의지하려는 것은 인간의 본성이야. 마침 딱 맞는 게 나타났어. 동학이야. 경주의 몰락한 양반 **최제우**가 창시한 종교지.

최제우, 동학 창시하다

19세기 조선은 너무 어수선했어. 세도정치는 갈수록 타락했고, 삼정은 갈수록 부패했어.

국제 정세도 조선에 이롭지는 않았어. 중국은 아편 전쟁에서 패했고, 일본도 미국에 의해 강제로 개항했어. 서양 열강의 종교인 천주교는 박해 속에서도 꾸준히 조선에서 세력을 키웠어.

최제우는 이런 상황을 말세라고 봤고, 개벽(開闢)이 필요하다고 판단했어. 그러려면 새 사상이 필요해. 서학에 반대하면서 전통사상을 모두 아우르는 그런 사상을 원했어.

30대로 접어든 최제우가 구도의 길을 떠났어. 몇 년간의 수행 끝에 1860년 마침내 기적을 체험했어. 한울님의 말씀이 들린 거야. 그 순간 최제우는 동학(東學)을 창시했단다. 한울님은 동학에서 숭배하는 신으로, 천주(天主), 상제(上帝)라고도 불러.

동학은 이름에서부터 '서'의 반대 개념인 '동'을 도입할 만큼 서학에 반대했어. 유교와 불교, 도교의 교리를 녹였고, 민족 신앙 요소도 포함했

단다. 최제우는 누구나 마음속에 한울님을 모시고 있다는 시천주(侍天
主) 사상을 설파했어. 인간이 누구나 한울님을 모시고 있다면? 그래, 모
두 평등하다는 이야기가 돼. 동학의 평등사상을 느낄 수 있지?

훗날 최제우는 최시형을 2대 교주로 임명해. 최시형은 시천주 사상을
업그레이드해 사인여천(事人如天)을 주장했어. 사람을 하늘과 같이 섬
긴다는 뜻이야. 3대 교주 손병희는 이를 다시 업그레이드해 인내천(人乃
天)을 주장했어. 사람이 곧 하늘이란 뜻이야. 평등사상을 넘어 인간 존엄
을 주장했다는 걸 알 수 있지?

민중은 동학 교리에 큰 감동을 받았어. 생각해 봐. 지금까지는 양반들
만 사람대접을 받았어. 민중은 멸시와 핍박을 받았잖아? 그런데 민중의
마음속에 한울님이 있다는 거야! 동학은 민중의 빛으로 떠올랐어.

동학 신도는 빠른 속도로 늘어났어. 동학 지도부는 지역별로 지부를 뒀어. 지부는 접소(接所)라 하고, 접소의 책임자는 접주(接主)라 불렀지. 곧 경상도, 충청도, 전라도의 지방 구석구석까지 접소가 설치됐어.

동학의 빠른 성장세에 양반 유림과 지배층은 큰 위기감을 느꼈어. 그들은 동학을 그대로 둬선 안 된다고 생각했어. 어느 새 단순 종교 조직을 넘어 거대 정치 조직으로 성장하고 있었거든.

결국 1862년 9월 조정은 최제우를 체포했어. 죄명은 혹세무민(惑世誣民)! 최제우가 술수를 동원해 순진한 백성을 나쁜 길로 이끈다는 뜻이지. 백성이 조정의 이 해명을 믿을까? 아니야. 최제우의 제자들과 농민들은 최제우를 풀어달라며 석방 운동을 벌였어.

최제우는 곧 석방됐어. 자신의 운명을 예견했던 것일까? 1863년 최제우는 최시형을 2대 교주로 임명했어. 얼마 후 최제우는 다시 체포됐어. 이번에도 죄명은 혹세무민이었어.

이듬해 최제우가 처형됐어. 하지만 동학은 오히려 더 굳건해졌어. 1890년대로 접어들어서는 최제우의 억울함을 풀어달라는 교조신원운동을 벌였고, 그 후로는 반외세 투쟁의 선봉에 섰지. 반면 조정은 갈수록 혼탁해졌어. 안동 김씨와 풍양 조씨 가문이 번갈아가며 권력을 주물렀어. 세도정치의 폐해가 더 커졌지. 이 문제를 해결할 사람은 정녕 없는 걸까? 아니야. 딱 한 사람이 있었어. 바로 **흥선 대원군**이야.

꼬리에 꼬리를 무는

한국사 韓國史
인물
이야기

5장

근·현대 시대

서양 군대 격파한 척화 고집쟁이 <u>흥선 대원군</u>

　1863년 철종이 후계자를 남기지 않고 세상을 떠났어. 사실 철종은 안동 김씨의 뜻에 따라 움직이는 허수아비였어. 안동 김씨는 이번에도 자기네 말을 잘 들을 왕을 찾기 시작했어.

　바로 그때 궁궐의 큰 어른인 대왕대비 신정왕후(조대비)가 흥선군 이하응의 둘째아들 명복을 후계자로 선포했어. 모두가 깜짝 놀랐어. 조대비는 안동 김씨를 견제하고 풍양 조씨 세력을 다시 키우려고 이 조치를 단행한 거야. 곧 명복이 26대 고종이 되었어.

　이 모든 프로젝트의 총감독은 흥선군이었어. 흥선군은 조대비와 안동 김씨 모두에게 로비를 했어. 세도가들의 감시를 피하려고 일부러 불량배들과 어울리면서 말썽을 부렸지. 모두 흥선군을 쓰레기처럼 취급했어. 그러니 그의 아들을 왕으로 앉혀도 권력은 빼앗기지 않을 거라고 생각했지.

　대원군은 왕의 아버지란 뜻이야. 아들이 왕이 됐으니 흥선군도 대원군이라 불리게 됐어. 흥선 대원군은 12세의 고종을 대신해 정치 일선에 나섰어. 그가 본색을 드러냈어. 대대적인 개혁이 시작된 거야.

　당장 세도정치부터 끝장냈어. 안동 김씨, 풍양 조씨 세력을 모두 꺾었어. 조대비는 고종의 부인을 풍양 조씨 가운데에서 고르길 원했지만, 흥선대원군은 평범한 민씨 가문에서 골랐단다.

대원군은 삼정(三政)에 칼을 댔어. 백성만 부담하던 군포를 양반도 내도록 하는 호포제를 실시했어. 토지대장에서 자신의 땅을 지워버린 양반에게도 토지세금(전정)을 부과했어. 탐관오리들이 환곡을 이용해 부정 축재하는 것을 막기 위해 사창이란 기관을 세웠어. 사창에서 직접 곡식을 거둬 조정으로 운송하게 했어. 당연히 비리도 많이 사라졌지.

그러자 양반들의 불만이 하늘을 찔렀어. 하지만 대원군은 눈도 깜짝하지 않았어. 오히려 개혁 정책을 더 강하게 밀어붙였단다. 그게 바로 서원 철폐 조치야.

서원은 양반들이 제사를 지내고, 아이들에게 유학을 가르치는 곳이었어. 처음 시행할 당시만 해도 학문적인 목적이 강했지. 하지만 조선 후기로 갈수록 서원은 백성의 등골을 빼먹는 기관으로 변했단다. 서원은 많은 땅과 노비를 보유해 큰 부자가 됐어. 대원군은 썩어빠진 양반을 개혁하기 위해서는 서원부터 없애야 한다고 믿었어. 유생들의 반발에도 아랑곳하지 않고 47개의 서원만 빼고 나머지는 모두 문을 닫아버렸단다.

물론 대원군의 개혁에 문제가 없는 것은 아니었어. 경복궁을 다시 짓겠다며 당백전, 원납전을 발행한 게 대표적인 과오지. 그렇잖아도 힘든 백성에게 부담을 떠넘겼잖아?

쇄국 정책을 고집한 것은 정책상의 큰 과오라고 할 수 있어. 물론 당시 상황에서 어쩔 수 없는 선택이었던 점도 있어. 유럽 열강이 일본, 중국에 이어 한반도까지 집어삼키려는 야욕을 보였거든. 게다가 1860년대 이후 전국의 유생들이 통상수교를 반대하고 있었어. 그들은 서양의 침략에 맞서야 한다며 위정척사운동을 벌였어. 이 위정척사운동이 1890년대 이후 의병 운동으로 발전한단다.

대원군도 서양과 맞섰어. 1865년에는 프랑스 선교사를 포함해 수천 명의 천주교도를 처형했어. 이를 병인박해라고 해. 그 책임을 묻겠다며 이듬해 프랑스 함대가 조선을 침략했어. 이를 병인양요라 불러. 대원군 은 물러서지 않았어. 프랑스 군대를 격파했지.

병인양요가 터진 바로 그해, 평양에서는 미국이 행패를 부렸어. 미국 상선 제너럴셔먼 호가 통상을 요구했는데 들어주지 않았기 때문이야. 당 시 평양 감사는 박규수였어. **박규수**도 단호하게 맞섰어.

실학을 개화사상으로 발전시킨 **박규수**

1866년 7월 7일 미국 상선 제너럴셔먼 호가 대동강 하류에 모습을 드 러냈어. 제너럴셔먼 호는 통상을 요구하며 강을 거슬러 올라갔어. 평양 에서는 대포를 쏘았어. 백성을 가두기까지 했어. 평양 백성들은 화가 나 평양 감사 박규수와 힘을 합쳐 제너럴셔먼 호를 공격했어. 배는 곧 불에 휩싸여 침몰됐지.

이 사건을 빌미로 미국은 1871년 조선을 침략했어. 그게 바로 신미 양요야. 조선은 신미양요에서도 승리했어. 대원군은 두 전투에서 승리 하자 전국에 척화비를 세웠어. 조선의 문을 절대 안 열겠다는 뜻을 확 고히 한 거지. 서양 열강의 횡포를 목격한 조선 백성도 이 쇄국 정책을 지지했어.

제너럴셔먼 호 사건의 중심에 있었던 박규수는 그 후 어떻게 됐을까? 박규수는 대표적인 실학자 연암 박지원의 손자였어. 당연히 박규수도 실학의 학풍을 이어받았지.

1827년 순조는 아들 효명세자(익종)에게 대리청정을 맡겼어. 왕을 대신해 정치하는 걸 대리청정이라고 해. 효명세자는 세도정치를 끝내고 왕권을 강화하고 싶었어. 효명세자는 젊은 신하들을 끌어들여 개혁에 착수하려 했어. 그 효명세자가 의지했던 신하가 바로 박규수야.

효명세자의 꿈은 이뤄지지 않았어. 1830년 갑자기 피를 토하며 죽고만 거야. 큰 충격을 받은 박규수는 정치를 떠나 은둔 생활을 했어. 이때부터 박규수는 무려 18년간 야인으로 지냈단다.

하지만 술만 마시며 세상을 비관한 건 아니야. 실학자들과 두루 만나면서 개혁사상을 발전시켰어. 그러고는 고종이 왕에 오른 후 다시 정계로 나왔어. 당시 고종은 효명세자의 양자 신분으로 왕위를 이었지. 고종은 효명세자와 친했던 박규수를 다시 발탁했어.

그 후 박규수는 3년간 평양 감사를 지낸 걸 포함해 여러 벼슬을 지냈어. 마지막 벼슬은 우의정이었지. 정승까지 지낸 박규수는 정계에서 은퇴하고, 자신이 살고 있는 북촌에 사랑방을 열었어. 이 사랑방에 개혁을 꿈꾸는 젊은 지식인들이 몰려들었어.

박규수는 그들을 제자로 받아들여 개혁사상을 전파했어. 할아버지가 활짝 꽃피웠던 실학을 바탕으로 하되 근대 의식을 그 안에 담았어. 이게 개화사상이야. 결국 우리 근현대사에서 실학과 개화사상을 연결한 첫 인물이 박규수인 셈이지.

보통 개화파로 분류되는 지식인 대부분이 박규수의 제자였단다. 김옥균, 박영효, 서재필 등은 갑신정변을 일으킨 사람들이야. 김홍집, 김윤식, 어윤중 등은 온건개화파로 분류되지. 이 가운데 최초로 미국과 일본에서 모두 공부한 유학생이 있어. 근대 서양의 모습과 배워야 할 점을 담은 『서유견문』을 쓴 사상가 **유길준**이야.

정부 공인 미국 유학생 1호, **유길준**

유길준은 어렸을 때 한학을 공부했어. 과거에 급제해서 중앙관료가 되고 입신양명하기 위해서였지. 그러던 중 외할아버지의 소개로 박규수의 사랑방에 나가게 됐어. 그곳에서 신학문과 접하면서 그의 삶이 달라졌단다.

박규수가 『해국도지』란 책을 권했어. 청나라에서 출간된 일종의 세계지리서였지. 유길준은 책을 읽으면서 세계가 얼마나 급변하는지, 조선이 얼마나 고여 있는 물인지 깨달았어. 김옥균, 박영효, 홍영식, 서광범 등 다른 지식인들과도 활발하게 토론했어.

이 무렵 조선 정계는 혼란스러웠어. 쇄국정책을 밀어붙였던 대원군이 1873년 권력을 잃었어. 대원군이 서원을 철폐하자 유림들이 강하게 반발했었지? 고종의 왕후인 민씨(명성황후)가 유림들을 이용해 대원군을 몰아낸 거야.

1875년 일본 군함 운요호가 강화도에서 대포를 쏘아대며 조선의 문을 열라고 협박했어. 이에 굴복한 조선은 1876년 일본과 강화도 조약을 체결했어. 부산, 인천, 원산을 개방했고, 일본 상인이 조선에서 마음대로 활동할 수 있도록 허용했어. 조선 최초의 근대 조약이었지만, 동시에 불평등 조약이었단다.

조약이 체결된 1876년과 1880년, 조선은 일본에 수신사를 파견했어. 일본의 발전상을 직접 본 수신사들은 큰 충격에 빠졌어. 그들은 서양 문명을 받아들여 근대화를 이룬 일본을 배워야 한다고 주장했어. 이렇게 해서 1881년 시찰단이 일본에 파견됐는데, 그게 신사유람단이야.

신사유람단은 4개월 후 귀국했어. 하지만 어윤중 단장의 수행원이었던 유길준은 귀국하지 않았단다. 일본 개화사상가가 운영하는 학교에 입학한 거야. 그의 일본 유학 생활은 1년 만에 끝이 났어. 1882년 조선에서 임오군란이 터졌기 때문이야.

임오군란은 차별 당하던 구식군인이 일으킨 봉기야. 봉기는 성공하는 듯했어. 흥선 대원군이 다시 권력을 장악했지. 하지만 청이 군대를 보내 대원군을 납치하면서 봉기는 실패로 끝났어. 민씨 세력이 권력을 다시 잡았지.

명성황후의 조카로, 개화사상가였던 민영익이 유길준의 귀국을 요청했어. 유길준은 귀국해 관직을 맡았어. 하지만 1883년 민영익이 주미 전권대사로 부임할 때 수행원 자격으로 다시 미국으로 건너갔단다.

민영익은 "청의 간섭을 막아 달라"는 내용의 고종 친서를 미국 대통령에게 전달한 뒤 귀국했어. 하지만 유길준은 미국에 남아 공부했어. 모든 학비는 국가에서 댔지. 그래, 최초의 국비 유학생이 탄생한 거야.

1884년 갑신정변이 일어났어. 급진개화파가 이 사건으로 몰락했어. 유길준에 대한 지원도 끊겼어. 유길준은 미국에서 출발해 유럽, 동남아시아, 홍콩, 일본을 거쳐 1885년 12월 귀국했어. 그는 도착하자마자 바로 체포됐어. 갑신정변 주모자들과 친했기 때문이야. 이후 7년간 유길준은 집에 갇혀 지내야 했어. 그가 『서유견문』을 쓴 게 이때였단다.

유길준은 대체로 일본과 미국에 대해 우호적이었어. 그곳에서 유학생활을 했기 때문일 거야. 갑오개혁 이후 들어선 친일 정권에서도 요직을 맡았지. 을미사변 이후 들어선 내각에서는 단발령을 반포해 백성의 분노를 자아내기도 했어.

이 때문에 아관파천 이후 친일 정권이 무너졌을 때는 일본으로 도망가 12년간 망명생활을 했어. 하지만 한일병합 후에는 계몽 사업을 벌였고, 광복을 위해 노력했단다.

사실 유길준뿐 아니라 이 무렵의 많은 지식인이 일본에 의지해 개혁하려 했었어. 갑신정변의 리더 김옥균도 그런 경우지. 유길준은 1885년 귀국길에 들른 일본에서도 김옥균을 만났단다. **김옥균**이 민씨 세력과 청의 보복을 피해 망명 와 있었던 거야.

김옥균과 좌절된 입헌군주제의 꿈

1884년 12월 4일(음력 10월 17일) 오후 6시. 서울 종로에 있는 우정국(우체국)에서 개국 만찬이 시작됐어. 바로 그때 주변에서 큰 불이 났어. 행사장은 아수라장으로 변했지.

개화당(급진개화파) 인사들이 바쁘게 움직였어. 김옥균과 박영효가 고종이 있는 창덕궁으로 달려갔어. 그들은 "사대당(온건개화파)이 반란을 일으켰다!"고 보고했어. 고종과 명성황후는 이상하다 생각했지만, 확인할 겨를도 없었어. 김옥균이 왕과 왕비를 경우궁으로 급하게 모셨어. 김옥균은 일본군 200여 명과 조선군 50여 명을 경우궁 주변에 배치했어. 그래, 왕을 감금한 거야!

이어 사대당 인사들을 모두 제거했어. 각국 공사관에 사람을 보내 정권이 교체됐다고 알렸어. 조정은 개화당이 장악했어. 반란에 성공한 거야. 개화당은 사대당이 청을 끌어들임으로써 조선을 후퇴시킨다고 생각했단다. 결국 명성황후와 사대당 정권을 몰아내는 반란을 일으켰지. 그게 바로 갑신정변이야.

정변은 성공했어. 다음날 개화당은 조정 인사를 단행했어. 홍영식이 좌의정, 서재필이 병조참판을 맡았지. 김옥균은 호조참판에 임명됐어. 다음 날에는 14개조로 구성된 혁신정강을 발표했지. 청에 대한 사대주의를 폐지하고 입헌군주제를 지향하며 왕실과 국가 재정을 분리한다는 내용이 들어 있었어.

이제 혁명에 성공한 것일까? 아니야. 갑신정변은 처음부터 큰 한계가 있었어. 일본에 지나치게 의존했다는 게 문제였지. 일본이 지원을 끊으면 언제든지 와르르 무너지게 돼 있었어.

정말로 그런 일이 일어났어. 정변 3일째, 청이 군대를 보냈어. 청은 일본이 막아서면 전면전도 불사하겠다는 각오였어. 일본은 주춤거리다가 슬쩍 빠졌어. 그러니 결과는 뻔하지. 개화당의 참패! 홍영식은 투항했지만 곧 처형당했어. 김옥균을 비롯해 서재필, 박영효, 서광범은 일본으로 도망갔단다.

그 후 그들은 나라를 팔아먹으려 한 대역죄인 취급을 받았어. 민씨 세력은 그들을 조선으로 돌려보내라고 일본에 요구했어. 일본도 더 이상 그들이 이용가치가 없다고 판단해 푸대접했어. 일본 망명생활은 아주 고단했어. 서재필과 박영효, 서광범은 다시 미국으로 망명을 떠났어.

김옥균도 일본에 이용당했다는 사실을 깨달았던 걸까? 1886년 김옥균은 고종에게 "청과 일본, 모두 믿어서는 안 된다"는 편지를 보냈단다. 물론 이런 편지가 김옥균에 대한 평가를 바꾸지는 못해. 그는 여전히 대역 죄인으로 불리고 있었거든.

1894년 김옥균은 청으로 건너갔어. 당시 청의 권력자인 리훙장을 만나 담판을 짓기 위해서였지. 하지만 뜻을 이루지 못했어. 조선인 자객에게 암살된 거야. 그의 시신은 조선으로 보내져 능지처참을 당했단다. 훗날 대역죄인 누명이 벗겨지긴 했지만, 참으로 비참한 죽음이지?

갑신정변에 대해 어떤 평가를 해야 옳을까? 갑신정변을 내용으로만 보자면 국내 최초의 근대혁명이라고 할 수 있어. 물론 일본에 의존한 점은 비판받아 마땅해. 또한 민중의 뜻을 살피지 않은 위로부터의 혁명이란 점도 비판할 대목이야. 이를테면 토지 제도에 대해서는 일절 언급이 없었어. 그렇기 때문에 농민들로부터 전혀 지지를 얻지 못했단다.

이 무렵 조선 농민들이 믿고 의지할 데는 동학 외에는 없었어. 동학은 어수선한 조선을 개혁하기 위해 혁명을 일으키기도 했어. 바로 동학운동(동학혁명)이야. 이 동학운동을 이끈 지도자 이야기부터 해볼까? **전봉준!** 녹두장군이라 불리던 인물이었지.

반외세 동학투쟁 이끈 장수 **전봉준**

1894년 2월 15일(음력 1월 10일), 전북 고부(정읍)에서 1천여 명의 동학 농민군이 봉기했어. 탐관오리 조병갑의 폭정에 시달리다 결국 폭발한 거지. 당시 조선 조정은 일본, 러시아, 청 사이에서 갈팡질팡하고 있었어. 일본 상인들은 쌀을 마음대로 빼돌렸어. 탐관오리들은 그들과 결탁해 백성을 쥐어짰지. 조병갑도 그런 탐관오리 중 한 명이었어.

전봉준이 이끄는 농민군은 고부 관아를 접수했어. 정부는 사태 해결을 약속했어. 농민군은 순순히 해산했어. 정부는 이내 태도를 바꿔 주모자를 색출하기 시작했어. 그제야 전봉준은 사회를 바꿔야 농민이 살 수 있다는 진리를 깨달았단다.

2개월이 조금 더 지난 4월 24일(음력 3월 20일), 마침내 전봉준이 보국안민(輔國安民)의 기치를 내걸고 봉기했어. 제1차 동학운동이 시작된 거야. 보국안민은 나라에 충성하고 백성을 편안케 한다는 뜻이야. 다른 지역의 동학 농민들도 속속 봉기에 가담했어. 순식간에 농민군은 1만여 명으로 불어났어. 전봉준이 그들 앞에 섰어.

"충성으로 왜적을 몰아내자! 서울로 진격해 부패한 조정의 관료들을 몰아내자! 혼탁한 세상을 구해 백성을 편안케 하자!"

농민군의 사기는 하늘을 찔렀어. 관군을 몇 차례나 대파한 끝에 5월 31일(음력 4월 27일)에는 전주성을 함락시켰지. 호남 일대가 농민군의 수중에 떨어진 거야! 하지만 더 이상 전투하기가 힘든 상황이 됐어. 정부

군이 전주성 주변을 포위한 데다 청과 일본이 한반도에서 전쟁을 벌일 거란 소문이 돌기 시작했어. 결국 농민군은 정부와 타협하기로 했어.

농민군은 12개 항목으로 돼 있는 폐정개혁안을 정부에 제출했어. 탐관오리를 처벌하고 노비문서를 태우며, 과부의 재혼을 허용하고 토지 제도를 개혁한다는 내용이 들어 있었지. 정부가 개혁안을 받아들이자 농민군은 6월 11일(음력 5월 8일) 해산했어. 그 대신 전라도 53개 지역에 집강소를 설치해 개혁을 추진했단다.

얼마 후 정말로 청일전쟁이 터졌어. 일본은 그 틈을 타서 조선 조정을 장악한 뒤 민씨 세력을 축출하고 친일 내각을 만들었어. 친일 내각은 일본의 지시에 따라 "조선은 완전 독립국이다!"라고 선언했어. 틀린 말은 아니지? 하지만 이 말에 숨은 뜻은 "청은 조선에서 물러나라. 조선은 일본이 간여한다!"였단다.

청일전쟁이 일본의 승리로 굳어지고 있었어. 일본을 제어할 세력은 없었어. 나라꼴이 이처럼 이상하게 돌아가자 10월 12일(음력 9월 14일) 농민들이 삼례에 다시 모여 대책을 논의했어.

다시 봉기! 처음에는 전봉준 부대만 봉기했어. 하지만 곧 다른 지역에서도 합류해 농민군은 20만 대군으로 불어났어. 농민군은 서울로 진격했지. 하지만 조선과 일본 연합군을 이길 수는 없었어. 공주에서 패했어. 남쪽 우금치 전투에서도 패했어. 얼마 후에는 태인 전투에서도 패했어. 태인 전투를 지휘한 농민군 장수는 전봉준이었어. 그는 이 전투에서 정부군에 체포됐단다. 전봉준은 이듬해 처형됐어.

이로써 사실상 동학운동은 끝이 났어. 비록 실패였지만 의의는 상당히 크단다. 동학운동은 민중이 참여해 근대화를 요구하면서 외세를 반대한 대규모 투쟁이라고 할 수 있어. 훗날의 의병 항쟁도 동학운동의 영향을 상당히 받았단다.

동학운동을 진압한 조선 친일 내각의 수반(총리대신)은 김홍집이었어. **김홍집** 또한 박규수의 사랑방을 드나들던 개화 사상가였어. 혁명가의 삶을 살다 죽은 김옥균과는 많이 다르지?

갑오개혁의 주역 김홍집

김홍집은 굵직한 외교 사건의 뒷수습에 노련했어. 일본과 임오군란 후엔 제물포 조약을, 갑신정변 후에는 한성조약을 체결했지? 이 현장을 지휘한 인물이 바로 김홍집이었단다.

일본도 김홍집과 뜻이 잘 맞는다고 생각했던 것일까? 청일전쟁을 막 시작하려던 1894년 7월 23일, 일본군은 무력으로 경복궁을 점령했어. 민씨 세력을 내쫓고 대원군을 그 자리에 앉혔어. 물론 대원군은 허수아비야. 정치의 중심은 친일 내각으로 옮아갔어. 이 내각의 수반이 바로 김홍집이었단다. 이 내각을 제1차 김홍집 내각이라 불러.

일본의 강요에 의해 제1차 갑오개혁이 시작됐어. 김홍집은 군국기무처를 설치하고 개혁의 지휘봉을 잡았어. 군국기무처는 과거제를 폐지하고, 은을 위주로 한 화폐 제도를 도입했어. 도량형도 다듬었어. 총 200여 건의 낡은 제도를 새 것으로 바꿨어. 물론 청과의 관계도 청산했어. 다만 일본에게 많은 혜택을 준 건 아쉬운 대목이야. 친일 내각이니 어쩔 수 없었겠지만.

그해 12월 청일전쟁에서 승리한 일본은 친일파를 더 많이 조정에 집어넣었어. 제2차 김홍집 내각이 출범했지. 이 내각은 일본의 주문에 따라 제2차 갑오개혁에 착수했어.

12월 23일(양력으로는 1895년 1월 8일), 내각은 홍범 14조를 발표했어. 홍범 14조는 개혁 방안을 문서로 남긴 첫 사례야. 우리나라 최초의 헌법인 셈이지. 청에 의존하지 않겠다는 점, 왕실의 일과 국정을 분리한다는 점, 인재 등용 때 문벌을 따지지 않는다는 점이 두드러져. 조선을 입헌군주국으로 만들겠다는 뜻이야.

그러나 제2차 김홍집 내각은 오래 가지 못했어. 김홍집이 내각의 또 다른 핵심 멤버 박영효와 대립했기 때문이야. 김홍집은 사직서를 냈어. 하지만 얼마 후 박영효가 역모 사건에 휘말려 일본으로 망명을 떠나자 정계로 돌아왔지.

청일전쟁에서 승리한 일본은 중국으로부터 랴오둥 반도, 타이완, 펑후 제도를 빼앗았어. 러시아가 발끈했어. 프랑스, 독일과 연대해 일본에게 그 땅을 돌려주라고 협박했어. 일본은 어쩔 수 없이 땅을 돌려줘야 했어. 이 사건을 삼국간섭이라 불러.

이 사건 이후 명성황후는 러시아의 힘을 깨달았어. 러시아를 끌어들여 사사건건 간섭하는 일본을 몰아내기로 했어. 조정에 친러파 대신들이 늘어났어. 급기야 1895년(을미년) 7월에는 러시아에 우호적인 내각이 들어섰어. 이번에도 내각 수반은 김홍집이었단다.

일본은 제3차 김홍집 내각이 맘에 들지 않았어. 내각의 배후에 있는 인물부터 손보기로 했어. 그 인물이 바로 고종의 부인인 **명성황후**야.

명성황후, 권력 화신이냐, 열혈 애국자냐

1895년 10월 8일 일본 공사 미우라 고로의 지시를 받은 일본 낭인(깡

패)들이 경복궁을 습격했어. 그들의 타깃은 민비, 즉 명성황후였어. 작전명은 '여우 사냥'이었어.

낭인들은 명성황후를 잔인하게 시해했어. 흔적을 없애려고 시신을 불태우기도 했단다. 이 사건을 을미사변이라고 해. 명성황후라는 이름은 훗날 대한제국이 세워진 후 얻은 거야.

그녀는 여흥 민씨 가문에서 태어났어. 그녀의 집안은 한때 상당한 권세를 누렸어. 하지만 그녀가 자랄 무렵에는 가세가 많이 기울었지. 게다가 그녀는 8세 때 아버지를 여의었단다. 그녀의 친척은 그리 많지 않았어. 이 점이 대원군의 맘에 들었어. 가까운 친척이 없으니 그녀가 왕비가 돼도 외척이 정치에 개입하지 않겠지?

하지만 대원군의 판단은 틀렸어. 명성황후의 정치력은 대원군을 뛰어넘었어. 명성황후는 대원군 주변의 사람들을 모두 자기 편으로 만들었어. 심지어 대원군의 형과 대원군의 큰 아들까지도 끌어들였을 정도야.

대원군과 명성황후는 처음부터 사이좋은 시아버지와 며느리가 아니었어. 대원군이 명성황후를 맞아들인 것은 가문이 빈약했기 때문이지, 명성황후 자체를 예뻐했던 건 아니야. 그러니 대하는 것도 그리 살갑지 않았어. 심지어 명성황후가 아기를 낳기도 전에 후궁이 낳은 아이를 세자로 책봉하려고까지 했지. 명성황후는 생존을 위해서라도 대원군과 싸워야 했어. 아버지의 그늘에서 벗어나지 못했던 고종도 명성황후와 뜻을 같이 했지.

1873년 명성황후는 대원군의 서원 철폐령에 분노하는 유림들을 부추겼어. 유림들은 대원군이 물러나야 한다는 상소를 올렸고, 결국 대원군은 물러났어. 고종이 직접 정치 일선에 나서게 됐지. 명성황후의 1차 승리! 명성황후 세력의 주도로 1876년 일본과 강화도 조약을 체결했어. 그 후 잇달아 서양 열강들에게 문호를 개방했어. 미처 준비하지 못한 상태에서 나라 문 활짝 열렸으니 부작용도 속출했지. 가령 신식군대만 편애했다가 터진 1882년의 임오군란이 그중 하나야.

이 사건으로 대원군이 재집권했어. 민씨 세력이 청에 도움을 요청했어. 청의 군대가 출동했고, 대원군은 청으로 끌려갔어. 명성황후가 정치에 복귀했어. 2차 승리!

1884년의 갑신정변은 명성황후의 정책에 불만을 품은 급진 개화파가 일으킨 쿠데타야. 이때도 명성황후는 청의 도움을 받아 위기를 모면했어.

이 무렵부터 명성황후가 변했다는 평가가 많아. 몇 차례 죽음의 위기를 넘기면서 권력에 대한 집착이 더 강해졌고, 자신들의 부귀영화에만 관심 가졌다는 거야. 이를테면, 명성황후는 아들의 세자 책봉을 도와달라며 청 황실에 뇌물을 바쳤어. 점쟁이와 무당을 궁궐로 불러들여 굿을 하기도 했지.

청일전쟁 이후 일본은 한반도를 집어삼키겠다는 야욕을 드러내기 시작했어. 명성황후는 다른 강대국을 이용해 일본을 경계하는 전략을 썼어. 러시아에 접근한 것도 그런 이유에서야. 마침내 친러 내각을 세웠지만 일본 낭인의 칼에 무참히 죽고 말았어.

을미사변 후 조선은 어떻게 바뀌었을까? 일본의 강요로 내각이 다시 친일 내각으로 바뀌었어. 수반은 김홍집 그대로였어. 그래서 제4차 김홍집 내각이라 불러. 제4차 내각은 곧바로 개혁안을 발표했어. 이른바 을미개혁이야. 상투를 자르라는 단발령이 이 개혁안에 포함되었어. 태양력을 사용하고 소학교를 설치하며, 종두법을 시행한다는 내용도 있었지.

무엇보다 단발령의 파급효과가 컸어. 전국의 유생들이 "상투를 자르는 것은 부모가 물려준 신체를 훼손하는 것"이라며 강하게 반발했어. 게다가 김홍집 내각은 국모인 명성황후가 비참한 죽음을 당했는데도 아무런 대처를 하지 않았어. 의병 투쟁이 본격화됐어. 이 의병을 '을미의병'이라고 부른단다.

전국에서 반대 투쟁이 일어나자 김홍집 내각이 휘청거렸어. 이런 상황에서 1896년 2월 11일 고종이 왕세자와 함께 러시아 공관으로 이동했어. 이 사건이 바로 아관파천이야.

고종도 일본이 무서웠던 걸까? 아니면 믿을 곳은 러시아밖에 없다고

생각했던 것일까? •⎯⎯⎯⎯⎯⎯⎯⎯⎯⎯⎯⎯⎯⎯⎯⎯⎯⎯⎯

고종, 대한제국을 선포하다 •

고종은 러시아 공사관(아관俄館)이 가장 안전하다고 생각했어. 비밀 군사 작전을 방불케 할 정도로 아관파천은 신속하게 이뤄졌어.

아관에서 고종은 제4차 내각의 무효를 선언했어. 김홍집을 비롯해 5명의 고위 대신을 역적으로 규정해 즉각 처형하라는 왕명을 내렸어. 5명 중에는 국내 최초의 국비 유학생인 유길준도 포함됐단다.

제4차 친일 내각에 분노하던 민중들이 김홍집과 어윤중을 붙잡아 때려죽였어. 김윤식도 체포돼 지방으로 유배를 갔어. 유길준은 일본으로 망명을 떠나야 했지. 그 결과 친일 내각이 무너졌어.

새로 친러 내각이 구성됐어. 대표적인 친러파인 이완용이 급부상했지. 그래, 훗날 친일파로 변신해 조선을 팔아먹은 바로 그 인물이야. 이때만 해도 그는 친러파에 속해 있었단다.

고종이 러시아 공사관에서 개혁을 주도하자 일본은 불안해졌어. 일본은 당장 환궁할 것을 '명령'했지만 고종은 궁궐은 안전하지 않다며 거절했어. 러시아 공사관 생활이 길어지기 시작했어.

러시아는 신이 났어. 이 틈을 타서 조선의 온갖 이권을 가져갔단다. 다른 유럽 국가들과 미국도 이에 질세라 이권을 빼앗아갔어. 열강들은 삼림자원과 광석을 마음대로 채취했어. 철도를 세울 수 있는 권리도 가져갔지. 이렇게 조선은 하나씩 무너지고 있었어. 하지만 약소국의 왕은 무력할 수밖에 없었어.

따지고 보면 고종은 자신의 의지와 무관하게 왕에 오른 인물이야. 그

는 몰락한 왕족이었어. 어렸을 때는 개똥이라 불렸지. 천한 집안에서
나 쓰는 별명을 썼다는 점만으로도 얼마나 가세가 기울었는지 알 수 있
겠지?

그런 그가 아버지 대원군에 의해 국왕이 됐어. 그러니 무슨 힘이 있
겠어? 부인도 아버지가 골랐고, 정치도 아버지가 했어. 강한 부인을 만난
건 행운이라고 해야 할까? 덕분에 아버지의 그늘에서 벗어날 수 있었으
니까. 하지만 지금은 그 부인도 일본 낭인들에게 살해되고 말았어. 이젠
어떻게 해야 할까?

어느 덧 러시아 공사관 생활이 1년을 넘기고 있었어. 그 사이에 조선
조정의 친러 색깔은 더욱 짙어졌어. 러시아인 고문이 정치에 개입했고,
군대도 러시아식으로 바꼈어. 무기도 러시아에서 사들였지. 사정이 이렇
게 되자 여러 단체들이 고종의 환궁을 촉구했어. 그러자 고종도 더 이상

러시아 공사관에 틀어박혀 있을 수 없게 됐어.

1897년 2월 25일 마침내 고종이 환궁했어. 다만 경복궁이 아닌 경운궁(덕수궁)을 택했어. 이어 고종은 개화파 단체들과 함께 새로운 개혁을 준비하기 시작했어. 개화파의 오랜 꿈. 바로 독립된 제국을 세우는 것이었지.

8월 개화파 인사들은 연호를 정했어. 바로 광무(光武). 연호를 정했다는 것은 조선이 독립 제국이란 사실을 만 천하에 알리겠다는 뜻이었지. 9월 황제 즉위식을 가질 제단(원구단)을 세웠어. 마침내 10월 12일 황제 즉위식을 가졌어. 황제에 오른 고종은 "대한제국이 수립됐다"고 선포했어.

고종은 서울 서대문구에 있는 영은문(迎恩門)을 허물고, 그 자리에 독립문을 지으라고 했어. 영은문은 은혜를 맞이하는 문이란 뜻이야. 조선이 청의 사신을 맞던 곳이었어. 청에 대한 사대주의를 철폐하려는 의지를 알 수 있겠지? 독립문은 1897년 11월 20일 완공됐단다.

대한제국의 수립과 독립문의 건립에 크게 기여한 단체가 독립협회야. 독립협회는 러시아 공사관에 피신해 있는 고종에게 환궁할 것을 끈질기게 촉구했었단다. 독립협회를 세운 인물은 **서재필**. 갑신정변 실패 후 미국으로 망명을 떠났던 인물이지. 그가 돌아와 조선 근대화에 박차를 가한 거야.

독립협회와 만민공동회의 주역 서재필

서재필은 갑신정변 주역 중 한 명이야. 정변이 실패하자 일본으로 도망갔다가 미국으로 망명했지. 이때 서재필은 간신히 목숨을 구했지만 그의 부모와 형제, 아내, 아들까지 모두 처형되거나 자살했어. 역적으로 규정되면서 집안이 풍비박산 나고 만 거야.

서재필은 1890년 미국 시민권을 취득해 공식적으로 미국 국민이 됐어. 3년 후에는 의사 자격증도 땄지. 백인 여성을 아내로 맞고, 병원을 개업하기도 했어.

1895년 들어선 김홍집 내각은 갑신정변 주모자들에 대한 역적 혐의를 벗겨줬어. 이미 박영효는 김홍집과 함께 내각의 주역으로 참여하고 있었지. 박영효가 서재필에게 귀국을 권고했어. 그해 12월 서재필은 귀국했단다.

이듬해 서재필은 오늘날의 국회에 해당하는 중추원의 고문으로 활동하기 시작했어. 그는 한국이 근대화하려면 무엇보다 국민 계몽부터 시작해야 한다고 생각했어. 그 수단은? 신문이었어. 아관파천 후 2개월이 지난 1896년 4월 7일, 서재필은 독립신문을 만들었어. 우리나라 최초의 민간신문이지. 엄밀하게 따지면 순수 민간신문은 아니야. 정부로부터 지원을 받았거든.

서재필은 독립신문을 통해 국민 계몽 운동을 시작했어. 따로 배재학당에서도 강좌를 진행했지. 이 과정에서 서재필은 계몽 운동을 강력하게 이끌 단체가 필요하다고 생각했어. 그렇게 해서 7월 2일 탄생한 것이 독립협회야.

독립협회에는 이상재, 윤치호, 이승만 등 쟁쟁한 개화파 인사들과 이완용, 안경수 등 정부 관리들이 참여했어. 서재필은 미국 국적이라서 고문직만 맡았단다.

독립협회는 독립문을 만들었어. 고종에게는 환궁을 촉구했지. 환궁한 후에는 정부와 대한제국 수립을 추진해. 사이가 아주 좋지? 하지만 독립협회는 곧 정부와 대립하기 시작했어. 입헌군주제 요구를 정부가 받아들이지 않았기 때문이야. 게다가 러시아가 절영도(부산 영도)를 일정 기간 통치하려는 요구를 친러파 정부가 들어주려 하자 독립협회가 강하게 반대했어. 이때부터 독립협회와 정부는 서로 으르렁대기 시작했어.

1898년 3월 10일 독립협회가 대형 집회를 열었어. 1만여 명의 시민이 서울 종로에 모였어. 그들은 서양 열강의 이권 침탈을 강력하게 비판했어. 러시아인 재정고문과 군사교관을 해고하고, 한로은행을 폐지하라고 촉구했지. 이 집회가 바로 만민공동회야. 민중이 공개 집회를 통해 정부에 개혁을 촉구한 첫 사례라고 할 수 있지.

독립협회의 요구가 어느 정도 수용됐어. 성과를 거둔 셈이지? 하지만 고종의 심기는 불편해졌어. 정부 인사들이 독립협회에서 탈퇴했어. 러시아와 일본도 독립협회를 배척했어. 모두 서재필을 추방하려고 안달이 났어. 외세에 의존하지 않는 자주적 근대화는 너무나도 어려웠어. 1898년 5월 서재필은 미국으로 돌아갔어.

서재필은 떠났지만 독립협회의 입헌군주제 추진운동은 계속됐어. 1898년 10월 만민공동회를 열고 헌의 6조 개혁안을 제안했어. 일본에 의존하지 않고, 외국과 이권계약을 체결할 때는 신중하게 하며, 정부 예산을 투명하게 운영하고, 언론과 집회의 자유를 보장하라는 내용이었어.

일단 고종은 헌의 6조를 받아들이겠다고 했어. 하지만 독립협회가 황제를 몰아내고 공화국을 세우려 한다는 친러파의 이간질에 넘어가고 말았어. 11월 독립협회를 해산시키고 간부를 모두 체포했지. 마지막 개혁의 기회를 스스로 걷어찬 거야. 정말 안타까운 노릇이지.

그 후 대한제국 정부는 더욱 러시아 쪽으로 기울었어. 일본은 러시아를 그대로 두면 안 된다고 생각했어. 과거에 청 제국을 격파한 일본이니, 러시아와 싸우지 못할 이유도 없겠지?

1904년 러일 전쟁이 터졌어. 결과는 일본의 승리. 더 이상 간섭할 나라가 없지? 일본은 한반도를 식민지로 만드는 작업에 속도를 올리기 시작했어. 이토 히로부미가 파견됐고, 1905년 11월 7일 을사조약을 체결했지. 을사조약을 통해 일본은 한국의 외교권을 빼앗았어.

우국지사들이 일제히 들고 일어났어. 친일파로 변신한 이완용을 비롯해 을사오적(乙巳五賊)을 처단해야 한다고 외쳤어. 전국에 저항의 불길이 타올랐어.

우국지사 "풍전등화의 위기, 조국을 구하자"

1905년 을사조약에 이어 1907년 정미7조약(한일신협약, 제3차 한일협약)이 체결됐어. 일본인 차관을 의무적으로 두는 차관 통치가 시작됐지. 일본은 1908년 동양척식주식회사를 설립했어. 경제를 장악하려는 의도야. 1909년에는 기유각서를 통해 군대와 사법부를 폐지해버렸어.

한국은 점점 일본의 식민지로 전락하고 있었어. 친일파 대신들은 무능한 정부에서 승승장구했어. 오로지 민중만이 격렬하게 저항했어. 1905~1910년, 풍전등화의 위기에 놓인 조국을 구하기 위한 민중의 저항 운동을 한꺼번에 살펴볼까?

1905년 11월 20일자 황성신문에 〈시일야방성대곡(是日也放聲大哭)〉이란 제목의 논설이 실렸어. "오늘 목을 놓아 통곡한다!"는 뜻이야. 을사조약의 무효를 주장하는 내용이었어. 이 신문사 사장 장지연은 바로 체포됐어. 1898년 창간된 황성신문은 한자 신문이야. 국민을 계몽하고 외세 침탈을 비판하는 글이 많이 실렸어. 한일합방 이후 폐간됐단다.

민영환은 조약의 무효와 을사오적의 처형을 주장하며 자결했어. 한국 국민이 단결해 외세에 저항할 것을 촉구하는 유서를 남겼어. 민영환에 이어 조병세, 홍만식 등 여러 신하들이 저항의 표시로 자결을 했단다.

나철(나인영)과 오기호는 을사오적의 처단을 시도했어. 이들은 일본 에서 독립운동을 벌이다 을사조약이 체결되자 귀국했어. 이윽고 자신 회(自新會)라는 비밀 결사대를 조직했지. 거사일은 1907년 3월 25일! 하지만 그전에 발각되는 바람에 실패로 끝났단다. 오적 중 한 명에게만 부상을 입히는 데 그쳤어.

나철과 오기호를 포함해 30여 명이 체포됐어. 이들은 모두 외딴 곳으 로 유배를 떠나야 했어. 이 가운데 나철은 훗날 민족종교인 대종교를 창 시하게 돼. 나철은 1916년 일제의 무단통치를 비판하는 유서를 남기고 스스로 목숨을 끊었단다.

장인환과 전명운은 을사조약 체결을 도운 친일 미국인 스티븐스를 저 격했어. 1904년 하와이로 이민을 떠난 장인환은 2년 후 캘리포니아의 한인독립단체 대동보국회에 가입했어. 마침 조선통감부에서 외무 고문 을 지낸 스티븐스가 귀국했는데, 일본 지배가 한국에 이익이 된다는 성 명서를 냈어! 장인환은 피가 머리끝까지 치솟는 기분이었어.

1908년 3월 23일 장인환은 오클랜드 선창에서 스티븐스를 총으로 쏘 아 죽였어. 바로 그 자리에 전명운도 함께 있었어. 먼저 총을 쏜 인물은 전명운이었어. 하지만 불발. 뒤이어 장인환이 쏜 총에 스티븐스가 사망 한 거지.

을사조약의 체결 이후 의병 활동도 활발해졌어. 이 의병을 을사의병이

라고 불러. 대체로 양반 유생들이 지휘했어. 민종식과 최익현이 대표적 이야.

민종식은 을미사변 이후 벼슬을 버리고 충남 정산에 내려가 살고 있었어. 그러다가 을사조약이 체결되자 정산에서 의병을 일으켰지. 그는 곧 의병 대장으로 추대됐어. 그의 의병 부대는 충남 서부 일대를 장악했어. 하지만 홍주성 전투에서 패한 뒤 주춤했단다.

최익현은 대원군의 서원 철폐가 부당하다는 상소를 올렸던 인물이야. 하지만 얼마 후 그 자신도 관직이 박탈되고 제주도로 유배를 떠났어. 최익현은 '야인'으로서 서양을 반대하는 위정척사운동을 전개했어. 을미사변이 터지고 단발령이 실시됐을 때도 항의하는 상소를 올렸어.

그랬던 최익현이 을사조약이 체결된 후에는 무력 투쟁으로 돌아섰어.

이때부터 위정척사운동도 본격적인 항일의병운동으로 탈바꿈한단다. 그는 얼마 지나지 않아 일본에 체포됐어. 일본은 그를 대마도까지 끌고 갔어. 최익현은 그곳에서 세상을 떠났단다.

신돌석은 을사의병장 중 유일하게 양반 유생이 아닌 평민 출신이었어. 신돌석은 을미사변 때도 19세의 나이로 경북 영해에서 봉기한 적이 있어. 1906년 다시 봉기한 후에는 크게 두각을 나타냈지. 울진, 원주, 삼척, 강릉 등지에서 일본군을 격파하고 시설을 파괴했어. 처음에 100여 명이던 의병은 곧 3천여 명으로 늘어났어. 그 후로도 신돌석 부대는 신출귀몰하면서 일본군을 무찔렀어. 안타깝게도 배신자에게 1908년 말 살해당했단다.

해외에서 을사조약의 부당함을 알리려다 순국한 열사도 있었어. 1907년 6월 네덜란드 헤이그에서 만국평화회의가 열렸어. 고종 황제는 을사조약의 부당함을 국제 사회에 알리고 도움을 요청하기 위해 이준, 이상설, 이위종을 파견했어.

그러나 대표단은 대회에 참가하지도 못했어. 설상가상으로 이준은 현지에서 죽음을 맞았단다. 일본은 이에 대한 복수로 고종을 끌어내리고 순종을 왕에 앉혔어. 일본이 왕까지 마음대로 바꾼 거야.

1907년 8월 1일 오전 10시, 정미7조약에 따라 대한제국 군대가 해산됐어. 시위대 제1연대의 제1대대장 박승환은 받아들일 수 없다며 "대한제국 만세!"를 외친 뒤 권총으로 자살했어. 격분한 대한제국 병사들은 일본군과 총격전을 벌였어.

대한제국 병사들은 곧 지방으로 내려가 의병부대에 합류했어. 다시 의병운동이 거세졌어. 바로 정미의병이야. 정미의병은 종전의 의병과 확연히 달랐어. 군인들이 합류하면서 조직력과 전투력이 크게 상승했기 때문이지. 이때부터 의병들은 주로 치고 빠지는 식의 게릴라 전술로 일본군을 궁지에 몰아넣었단다.

하지만 1909년 9월부터 일본이 대토벌 작전을 벌이면서 상황이 달라졌어. 첨단 무기로 의병을 몰아붙이니 당해낼 수가 없었어. 결국 의병들은 국내 활동을 접고 간도나 연해주로 떠났어. 그곳에서 독립운동을 새로 시작한 거야. 독립군의 시초가 의병인 셈이지.

1909년 10월 26일. 안중근이 한일병합의 원흉 이토 히로부미를 암살하는 데 성공했어!

안중근은 일찌감치 북쪽 국경지대에서 독립운동을 벌였어. 중국과 러시아를 오가며 때로는 무장투쟁을, 때로는 독립을 위한 교육운동을 전개했지. 그러던 중 1909년 3월 12명의 동지와 함께 단지회(斷指會)를 결성했어. 손가락을 끊어 동맹을 맹세한다는 뜻이야. 단지회는 민족의 원흉 이토 히로부미와 민족의 역적 이완용을 암살한다는 목표를 내걸었어.

9월 안중근은 이토 히로부미가 러시아 하얼빈에 온다는 뉴스를 접했어. 천재일우(千載一遇)의 기회야! 만반의 준비를 하며 그 날을 기다렸어.

마침내 10월 26일 이토 히로부미를 실은 열차가 하얼빈 역에 도착했어. 안중근이 달려 나가면서 총을 쏘았어. 3발 명중! 이토 히로부미는 현장에서 즉사했고 안중근은 바로 체포됐어. 형식적인 재판이 이어졌고, 안중근은 뤼순 감옥에서 처형됐단다.

이재명은 1909년 12월 서울 명동 성당에서 이완용을 암살하려고 했어. 성공하지는 못했지만 배와 어깨를 칼로 찔러 중상을 입혔지. 이재명은 사형에 처해졌어. 이재명은 원래 이토 히로부미를 암살하려 했었어. 안중근이 그 일을 이뤘으니 계획을 바꿨던 거야.

지금까지 일제에 항거한 선조들의 활약을 지켜봤어. 하지만 하늘도 무심했어. 1910년 8월 29일 일본은 끝내 한반도를 병합해버렸거든. 경술국치!

저항의 횃불은 계속 타올랐어. 국권을 빼앗기기 얼마 전, 비밀단체인 신민회가 저항을 이끌었어. 신민회도 한일병합 후 해체되고 말았지만···. 신민회 설립에 주도적 역할을 한 인물이 **안창호**란다.

민족을 개조해 독립을 이루자던 안창호

신민회는 민중을 계몽하고 일제와 싸워 이길 수 있는 힘을 기르자며 1907년 만든 비밀결사야. 박은식, 신채호, 이회영, 이동휘, 장지연, 윤치호 등 쟁쟁한 독립운동가들이 참여했어. 이 신민회를 가장 먼저 제안한 사람은 안창호였어.

안창호는 1897년 독립협회 회원이 되면서 애국계몽운동을 시작했어. 독립협회 관서지부를 만드는 데도 주도적 역할을 했지. 평양 만민공동회 때는 연설자로 나서 청중들의 찬사를 받았어. 이때 그의 나이 겨우 20세에 불과했다니 놀랍지 않니?.

1902년 안창호는 미국 유학길에 올랐어. 새로운 사상과 학문을 공부하다 보니 더 많은 공부가 필요하다고 생각한 거야. 샌프란시스코에서 초등학교 과정부터 다시 공부했단다.

당시 샌프란시스코 한인들의 삶은 힘들었어. 생계를 잇기조차 어려웠으니 서로가 서로를 챙기지 못했어. 그러다 보니 뭉치지 못한 한인에 대한 차별대우는 심해졌어. 뭉쳐야 산다! 안창호는 샌프란시스코 한인친

목회를 결성했지. 미주 지역에서 탄생한 최초의 한인 단체야. 안창호는 그 후로도 한국 독립을 내건 정치 단체인 공립협회를 만들기도 했어.

이 무렵 국내에선 을사조약이 체결됐어. 급박한 상황이지? 안창호는 즉시 귀국길에 올랐어. 독립을 위한 비밀결사 신민회를 만들었지. 민족 교육을 위해 평양 대성학교를 만들었어. 민족 산업을 육성하기 위해 출판사 태극서관과 도자기회사도 운영했어.

경술국치 몇 달 전, 신민회는 긴급 간부회의를 열었어. 더 이상 국내에서 독립운동이 어려우니 해외로 망명해 독립 기지를 건설하자는 결론을 내렸어. 4월부터 독립운동가들이 속속 해외로 망명을 떠났어. 안창호도 중국과 러시아를 거쳐 미국으로 망명했단다.

일제는 한국을 강제 합병한 후 조선총독부를 설치했어. 조선총독부는 잔혹하게 한국을 식민통치했어. 헌병과 경찰을 통합한 헌병 경찰은 마구 잡이로 한국인을 잡아다 협박하고 고문했어. 헌병 경찰은 범죄자를 현장에서 처형할 수 있는 즉결처분권도 가지고 있었어. 완전 무법천지지?

조선총독부는 1910년 회사령을 공포했어. 회사를 만들려면 총독부의 허가를 받으라는 건데, 친일파가 아니고선 어렵겠지? 같은 해, 토지조사 사업을 벌여 일본인과 친일파 지주에게 땅을 몰아줬어. 1911년에는 조선교육령을 발표해 일본어 위주로 된 교육을 강요했어. 교사들은 제복을 입고 칼을 찼어. 무시무시하지?

한국인은 언론, 출판, 집회, 결사의 자유를 누리지도 못했어. 이처럼 일제는 철저하게 한국인을 탄압했어. 이래서 1910년대의 식민통치를 무단통치라 부른단다.

안창호는 미국에서 독립운동을 지속했어. 1913년에는 샌프란시스코에서 흥사단을 만들었어. 흥사단은 오늘날에도 존재하는, 역사가 아주 긴 단체야. 뿐만 아니라 안창호는 3·1운동 이후 설립되는 대한민국 임시정부에도 주도적으로 참여했단다.

안창호는 민족개조론을 주장했어. 일제로부터 독립하려면 우리 민족 스스로 실력을 키워야 한다는 뜻이야. 실력을 키우기 위해서는 특히 교육에 신경을 써야 한다고 주장했어. 그 때문에 여러 학교를 세웠던 거야.

일제 강점기, 독립운동가들은 독립운동의 방법을 놓고 갑론을박을 벌였어. 어떤 이는 무력 투쟁을 주장했고, 어떤 이는 외교전을 강화해야 한다고 했지. 안창호는 이 두 노선과도 경계선을 그었어. 안창호는 민족개조론을 바탕으로 하되 무실(務實), 역행(力行), 충의(忠義), 용감(勇敢)의 4대 정신을 잊지 말 것을 강조했어.

1920년대 이후 친일파로 돌변한 이광수와 최남선 등도 민족개조론을 주장했어. 하지만 약간 달라. 이광수는 우리 민족이 열등하기 때문에 일제의 지배를 받는 거라고 했어. 그 열등한 성질을 극복하는 게 민족개조론의 핵심이야. 어이가 없지?

자, 만주와 연해주로 가볼까? 국권을 빼앗긴 후 그곳에서 실력을 키우는 독립운동가들이 늘어났거든. 우선 만주의 **이회영**부터 살펴보도록 할까?

이회영, 만주 독립군을 양성하다

이회영은 나라를 빼앗기자 만주로 건너갔어. 자신을 비롯해 6형제와 그 가족 50여 명이 통째로 이주했단다. 이처럼 대가족이 한꺼번에 망명해 독립운동을 한 경우는 매우 드물지.

그의 동생 이시영은 훗날 광복 후 대한민국의 초대 부통령이 됐어. 이시영은 이승만 대통령이 독재를 하자 부통령 자리를 집어던졌어. 이 가문 사람들이 올곧은 길을 고집했다는 것을 알 수 있겠지?

이회영은 만주로 건너간 뒤 류허 촌 삼원보 일대의 땅을 사들였어. 그곳을 독립운동 기지로 삼기 위해서야. 1911년 4월, 마침내 경학사를 세웠어. 모든 회원이 함께 황무지를 개간하고 농사를 지었으며, 군사훈련도 함께 받았어. 이를 병농일치라고 하지.

사실 이 단체는 이회영 개인의 아이디어가 아니야. 신민회의 사업 중하나였단다. 1909년 신민회가 해외 기지와 무관학교를 세우자고 결의한 바 있지? 경학사는 그 결의를 이행하기 위한 사업체였다고 할 수있어. 따라서 경학사는 이회영, 이상룡, 이동녕, 여준 등 여러 독립운동가들의 합작품이라고 보는 게 정확해.

1912년 경학사는 부설 교육기관으로 신흥강습소를 세웠어. 이동녕이 신흥강습소의 교장을 맡았단다. 이곳에서는 독립투사들을 길러냈지. 나중에 신흥강습소는 신흥무관학교로 이름을 바꿨어. 청산리 전투에 참전했던 많은 독립투사들이 이곳에서 군사교육을 받았지.

경학사를 운영하는 것은 쉽지 않았어. 처음 1년간은 사실상 이회영과 그의 모든 가족이 여기에만 매달렸어. 하지만 그 후 흉년이 닥친 데다 중국 정부가 일본의 눈치를 보며 경학사를 탄압했어. 한국인은 땅을 사지도 못하게 했단다.

결국 1914년 무렵 경학사는 해체되고 말았어. 이시영과 이동녕은 다른 방법으로 독립운동을 하겠다며 떠났지. 하지만 경학사의 맥마저 끊긴 것은 아니야. 경학사가 해체되기 몇 년 전, 이상룡은 또 다른 독립운동 단체인 부민단을 만들었어. 부민단은 경학사를 흡수해 사업을 이어나 갔단다.

지금까지 거론된 모든 기관들은 만주, 그 중에서도 간도라 불리는 지역에 있었어. 오늘날 중국 지린 성 통화에 있는 류허 현(縣) 일대야. 한일 병합 이전에 서전서숙과 명동학교가 세워진 곳도 바로 여기였어. 이 지역은 일제강점기 초기, 만주 독립운동의 중심지였어.

이 류허에서 동북쪽으로 약간만 더 올라가면 왕칭이란 곳이 있어. 1911년 독립운동가 서일은 이곳에서 중광단을 출범시켰어. 중국으로 넘어온 의병 출신 인사들을 모아 만들었지. 중광단은 본격적으로 무장 투쟁을 벌인 첫 독립운동 단체라고 볼 수 있어.

이 밖에 러시아 블라디보스토크도 이 무렵 독립운동의 새로운 중심지로 떠올랐어. 그곳에서는 **이상설**이 독립운동을 지휘하고 있었단다.

헤이그 특사 이상설, 연해주를 지휘하다

1907년 고종이 네덜란드 헤이그 만국평화회의에 3명의 대표를 파견 했어. 이준은 다른 나라 대표들이 한국을 무시하자 울분을 토하다가 끝내 사망했어. 나머지 2명, 즉 이상설과 이위종은 어떻게 됐을까?

한국 정부는 일본의 협박을 받아 그들에게 종신형(무기징역)을 선고 했어. 이상설은 귀국을 포기했어. 그는 영국, 미국을 거쳐 러시아 블라디 보스토크로 망명을 갔어. 연해주라 부르는 바로 그곳이지. 17살 어린 이 위종도 이상설을 따라갔어. 이들은 이곳에서 독립운동 기지를 건설하기 시작했단다.

이상설은 을사조약이 체결되자 해외에서 독립운동을 하는 게 옳다고 생각했어. 그가 처음에 간 곳은 간도 용정촌(룽징)이었어. 그곳에서 다른 독립운동가와 함께 서전서숙을 세우고 교육운동에 참여했지.

당시만 해도 용정촌은 만주로 망명한 독립운동가들의 근거지였단다. 하지만 이상설은 얼마 후 블라디보스토크로 넘어가 활동했어. 그때의 인연 때문이었을까? 이상설은 만국평화회의 이후에도 바로 블라디보스토크로 돌아왔단다.

1910년 이상설은 성명회라는 독립운동단체를 만들었어. 성명회는 연해주 한인들을 규합해 반일운동을 벌였어. 한일병합을 반대하는 성명을 발표하고, 궐기대회를 열었지. 하지만 성명회는 일본의 압력을 받은 러시아 정부에 의해 1910년 9월 해체되고 말았단다.

1911년 블라디보스토크에 다시 독립운동 단체가 만들어졌어. 바로 권업회(勸業會)야. 뜻을 풀이하자면, '일을 권하는 모임'이 되지. 일제와

러시아의 감시와 탄압을 피하려고 이런 이름을 붙인 거야. 이상설은 이 단체의 의장을 맡았단다.

1914년 이상설은 동지들과 함께 대한광복군 정부를 세웠어. 이상설 자신이 대통령직을 맡고, 이동휘는 부통령을 맡았어. 이 단체는 해외 망명 정부를 표방했어. 군사학교를 운영했고, 이와 별도로 군대도 양성했어. 시베리아에서 훈련을 받은 병력 3만여 명을 확보한 후로는 대규모 독립전쟁도 계획했지.

하지만 문제가 생겼어. 일제의 눈치를 보던 러시아 정부가 권업회를 강제로 해산시켜 버린 거야. 이게 왜 문제가 되냐고? 사실 대한광복군 정부는 권업회가 확대된 조직이었어. 핵심 멤버들이 같아. 대한광복군 정부가 나무라면, 권업회는 뿌리에 해당돼. 그런 뿌리가 사라졌으니…. 결국 대한광복군 정부도 얼마 지나지 않아 해체되고 말았단다.

이 무렵 미국에서도 독립운동가들은 여러 단체를 결성해 반일 투쟁을 벌였어. 하지만 일제는 모든 투쟁을 잔인하게 진압했단다.

1919년 1월 제1차 세계대전 이후의 국제 질서를 논의하기 위해 파리 강화회의가 열렸어. 이곳에서 미국의 월슨 대통령이 민족자결주의를 주창했어. 곧바로 전 세계는 민족자결주의 열풍에 휩싸였어.

우리 독립운동가의 피도 끓기 시작했어. 결국 한반도에 '대한독립만세' 물결이 넘실거렸어. 그래, 3·1운동이 터진 거야. 한두 명의 독립운동가가 아닌, 조선 **민중** 모두가 이뤄낸 쾌거였지.

민중이 주도한 쾌거, 3·1운동!

제1차 세계대전이 끝날 무렵인 1918년 8월, 독립운동가 여운형, 김규식, 신채호 등이 주축이 돼 중국 상하이에 혁명정당인 신한청년단(신한청년당)을 만들었어. 독립 쟁취와 민주공화국 수립을 목표로 내걸었지. 당수는 여운형이 맡았단다.

신한청년단은 1919년 파리강화회의에 김규식을 파견했어. 여운형은 만주와 연해주를 돌며 독립선언을 촉구했고, 이광수를 일본으로 보내 독립선언을 준비하도록 했어. 국내에도 사람을 보내 해외의 이런 움직임을 알리도록 했지.

이 무렵 국내외 민족 지도자들은 윌슨 대통령의 민족자결주의에 크게 고무돼 있었어. 해외에서부터 독립선언이 나오기 시작했단다.

1919년 2월 1일 만주와 러시아에서 활동하는 독립운동가 39명이 중국 지린 성에 모였어. 이들은 대한독립선언서를 발표했어. 국권을 빼앗긴 지 10여 년 만에 나온 첫 독립선언이지. 이때가 음력으로는 무오년이기 때문에 무오독립선언이라고도 한단다.

독립운동가들은 "한일 병합은 사기와 협박으로 이뤄졌으니 무효다!"라고 선언했어. 이어 대한 국민이 총궐기해 독립을 쟁취하자고 촉구했지. 무오독립선언에는 지금까진 언급된 이회영, 이상룡, 이동휘, 이동녕 외에도 신채호, 박은식, 안창호, 김좌진, 김규식 등 쟁쟁한 민족 지도자들이 대부분 참여했단다.

2월 8일에는 일본 도쿄 한복판에서 한국 유학생들의 독립선언이 터져 나왔어. 이날 유학생 600여 명은 도쿄 기독교 청년회관에 모여 "조선은 독립국이다. 우린 자주민이다. 최후까지 싸우겠다!"고 선언했어.

이게 2·8독립선언이야. 바로 경찰들이 들이닥쳤어. 핵심 인물 60여 명을 체포하고, 나머지 유학생들은 해산시켰어. 하지만 유학생들은 포기하지 않았어. 몇날 며칠을 시위를 벌이며 저항했지.

일본, 만주의 상황이 급박하게 돌아가고 있지? 그 여파는 곧 한반도에도 밀어닥쳤어. 3월 1일, 마침내 한반도 전역에 독립 만세 물결이 일기 시작했어. 바로 3·1운동이야. 기미년에 일어났기 때문에 기미독립운동이라고도 부른단다.

당초 계획은 손병희, 한용운, 최남선, 이광수, 최린 등 민족 지도자들이 탑골공원에서 독립선언을 하면 일제히 만세 운동을 벌이는 것이었어. 하지만 민족 지도자들은 시위가 과격해지는 걸 원하지 않았어. 자칫 더 큰 피해가 생길지도 모르잖아? 결국 민족 지도자 33인은 오후 2시 서울 종로의 태화관에 모여 독립선언서를 낭독했어.

그 다음에는? 직접 경찰에 전화를 걸어 "체포해가라!"고 했다는구나. 민족 지도자들은 독립선언을 하면 외국이 도와줄 거라고 생각했었나 봐. 순진한 생각이었지. 아참, 33인의 지도자 중 이광수, 최남선, 최린은 훗날 친일파로 변절한단다. 어이가 없는 노릇이 아닐 수 없어.

같은 시간 서울 탑골 공원에는 1천여 명의 학생이 시위를 준비하고 있었어. 하지만 아무리 기다려도 민족 지도자들은 나타나지 않았어. 선언 장소가 바뀐 걸 알 수 없었던 거야. 결국 경신중학교 졸업생 정재용이 독립선언서를 낭독했어. 이어 시위가 시작됐어. 시민들이 가세하면서 시위대는 수십만 명으로 불어났어. 독립만세를 외쳤고, 독립정부의 수립을 촉구했어. "일본인은 일본으로 돌아가라!"고 요구했어.

이게 시작이었어. 만세 운동은 거대한 파도가 돼 전국으로 퍼져나갔단다. 일본이 당황했겠지? 일본은 헌병 경찰과 군대를 진압에 동원했어. 비폭력 시위를 벌이는 한국인에게 무차별 사격을 했어. 수많은 한국인이 목숨을 잃었지. 그래도 비폭력 시위가 이어졌어. 하지만 화가 난 일부 민중은 경찰서를 습격하고 친일파를 암살하기도 했단다.

만세 운동은 4월 30일까지 약 2개월간 계속됐어. 이 기간 약 200만 명 이상이 만세 운동에 참여했단다. 한민족 전체가 총궐기했다는 표현이 과장이 아니란 사실을 알 수 있겠지? 그 뿐만이 아니야. 만주, 연해주, 일본, 미국 등 해외에서도 독립을 요구하는 가두시위가 벌어졌단다.

3·1운동은 우리 민족의 독립 의지를 전 세계에 알린 쾌거야. 이 운동을 아주 자세하게 보도한 외국 언론사도 있었어. 중국에서도 3·1운동의 영향을 받아 5·4운동이 일어났지. 일본도 크게 놀랐어. 더 이상 무단통치를 고집할 수 없다는 걸 깨달았어. 일본은 1920년부터 식민지배 전략을 문화통치로 바꿨단다.

헌병 경찰 제도는 보통 경찰 제도로 바꿨어. 언론, 출판, 집회, 결사의 자유도 일부 허용했어. 덕분에 우리말 신문인 동아일보와 조선일보가 1920년 창간됐어. 한국의 문화와 관습을 존중한다는 공약도 내놓았어. 부드러워진 것 같지? 아니야. 오히려 경찰 병력은 늘렸단다. 독립운동가만 전문적으로 맡는 고등경찰 제도도 신설했어. 신문 발간을 허용했지만 기사는 철저하게 검열했지.

그래, '무늬만 문화 통치'였던 거야. 일제는 한국인에게 기회를 준다면서 친일파를 육성하기 시작했어. 민족 지도자에게 "고위직을 줄 테니 일본에 협력하라"고 추파를 던지기도 했지. 이런 전략 때문이었을까? 1920년대 중반 이후 일부 민족 지도자들이 슬슬 변절하기 시작한단다.

독립운동가들에게도 3·1운동의 여파는 상당히 컸어. 평화 시위만으로는 독립을 얻을 수 없다는 깨달음이 컸지. 독립운동가들은 우리의 정부가 필요하다고 판단했어. 그래서 1919년 4월, 중국 상하이에서 탄생한 게 대한민국 임시정부야.

임시정부가 탄생하던 시점에 국회 역할을 했던 임시의정원의 의장에는 이동녕이 선출됐어. 국무총리는 이승만이 맡았지. 안창호는 내무총장, 김규식은 외무총장, 이시영은 법무총장, 이동휘는 군무총장을 맡았어. 이제 **임시정부**에 대해 살펴볼까?

대한민국 임시정부를 이끈 지도자들

3·1운동이 끝난 후 독립운동가들은 평화적 시위만으로는 한계가 있다는 사실을 깨달았어. 많은 독립운동가들이 만주, 연해주, 상하이로 망명했어. 이때부터 본격적으로 무장투쟁 단체들이 생겨나기 시작했단다.

류허의 부민회는 한족회로 조직을 확대하고, 산하에 서로군정서라는 무장투쟁 단체를 뒀어. 이와 별도로 4월에는 대한독립단, 8월에는 김좌진이 이끄는 북로군정서가 출범했어.

1919년 3월 러시아 블라디보스토크에서는 대한국민의회란 임시정부가 출범했어. 손병희가 대통령, 이승만이 국무총리를 맡았어. 이동휘는 군무총장, 안창호는 내무총장에 선출됐지. 대한국민의회는 각국 영사관에 "대한민국 정부가 출범했다"고 통보했어.

하지만 대한국민의회는 8월에 스스로 해체했어. 일제의 탄압 때문이 아니었어. 상하이의 대한민국 임시정부와 통합하기 위해서였지. '보다 큰 하나'를 위해 서울의 한성정부도 대한민국 임시정부와 통합했어. 파리강화회의에 대표를 보냈던 신한청년단, 무장투쟁을 이끈 대표적 단체

인 서로군정서와 북로군정서도 모두 임시정부의 지휘를 받았단다.

대한민국 임시정부는 1919년 9월 26일 첫 개헌(헌법을 통과시키는 것)을 하고 공식 출범했어. 입법부(의정원), 행정부(국무원), 사법부(법원) 등 삼권분립 이념을 채택해 본격적인 민주공화제를 지향했단다. 출범 당시에는 대통령제를 채택했어. 초대 임시대통령에 이승만, 국무총리에 이동휘가 선출됐지.

임시정부는 연통제와 교통국이란 비밀 조직을 운영했어. 이 조직을 이용해 국내외 독립운동가들을 연결하는 네트워크를 구축했어. 공채를 발행해 독립운동 자금을 모았고, 외교전을 펼치기도 했어. 파리강화회의 참석을 위해 파리에 가 있던 김규식을 전권 대사로 격상시켜 독립 청원서를 제출하도록 했어.

외교전은 그 후로도 계속 이어졌어. 1920년 10월에는 중국의 쑨원 정부에 사람을 보내 독립운동을 지원해줄 것을 요청했어. 1921년 미국 워싱턴에서 열린 태평양회의에도 대표단을 보내 독립을 호소했지.

하지만 외교전의 성과는 미약했어. 유럽과 미국이 임시정부의 요구에 귀를 기울이지 않은 거야. 게다가 일제의 탄압이 심해 연통제와 교통국도 제 기능을 하지 못했어. 결국 임시정부 안에서 치열한 노선 싸움이 벌어지게 되었지.

무장 투쟁을 주장하거나 사회주의 사상을 가진 독립운동가들은 임시정부를 떠났어. 이동휘는 소련으로부터 자금을 지원받은 것 때문에 논란이 됐고, 결국 1921년 정부를 떠났지.

이승만의 '독재'도 문제가 됐어. 임시정부의 형태는 사실 의원내각제에 더 가까웠어. 이승만은 그런데도 대통령제를 고수하려 했어. 자신을 중심으로 독립운동 단체들이 뭉쳐야 한다는 아집이었지. 결국 임시정부는 그를 탄핵했어. 1926년 이후에는 공식적으로 대통령제를 폐지했어.

광복의 그날까지 임시정부를 지킨 인물도 있어. 김구, 이시영 같은 인물이 대표적이지. 그들은 일제의 갖은 탄압을 견디며 임시정부 청사를 무려 여섯 번이나 옮기면서 버텨냈어.

하지만 모든 독립운동가들이 이런 식의 투쟁에 동의하지는 않았어. 만주에 있던 무장 투쟁 단체들이 대표적이야. 김원봉이 만든 **의열단**은 일제 식민통치 기관을 폭파하거나 고위 인사들을 암살했어. 김좌진과 홍범도는 일본군과 전투를 벌여 큰 타격을 입혔지.

김원봉의 의열단, 일본 간담을 서늘케 하다

1919년 11월 김원봉, 김익상, 김상옥, 나석주 등 독립투사들이 만주에 모였어. 그들은 독립단체들이 너무 온순하다고 생각했어. 눈에는 눈, 이에는 이! 그들은 테러와 폭파, 암살처럼 폭력적이고 과격하게 투쟁해야 한다고 주장했지.

그들이 만든 비밀 결사가 바로 의열단(義烈團)이야. '의를 위해 맹렬히 투쟁한다!'는 뜻이지. 의열단의 처단 대상을 볼까? 첫째, 조선총독을 비롯한 일본 고위관료와 악덕 친일파야. 둘째, 총독부나 경찰서, 동양척식주식회사와 같은 식민 지배 시설이었어.

의열단은 여러 기관에 폭탄을 투척했어. 일제는 공포에 떨었지. 성공한 폭탄 투척 사건만 살펴볼까?

1920년 박재혁이 부산 경찰서에 폭탄을 투척하는 데 성공했어. 이를 시작으로 1921년 김익상이 조선총독부에, 1923년 김상옥이 종로 경찰서에 폭탄을 던졌어. 1924년에는 김지섭이 일본 도쿄의 궁성에 폭탄을 투척했고, 1926년에는 나석주가 동양척식주식회사와 식산은행에 폭탄을 던졌단다.

민족주의 사학자로 통하는 신채호가 의열단의 강령을 체계화했어. 김구와 김규식도 의열단의 고문으로 활동했지. 무력 투쟁에 많은 민족 지도자들이 동의했다는 걸 알 수 있겠지? 의열단은 1920년대 이후 단원들을 군관학교에 보내 체계적인 군사훈련을 시키는 등 독립투사를 양성하는 데도 크게 기여했어.

하지만 1920년대 후반부터 의열단의 정치 노선이 급진 좌파로 변해 갔어. 의열단을 설립한 김원봉 또한 해방 후 북한으로 정치적 망명을 한단다. 그렇다 해도 의열단이 당시 한국 민중에게 항일의식을 고취했다는 점이 낮게 평가돼서는 안 되겠지?

의열단의 항일 투쟁은 1920년대의 독립운동이 어떤 식으로 진행됐는지를 알 수 있는 힌트가 돼. 3 · 1운동 이후 독립투사들이 대거 해외로 망명했지? 그들은 총을 들고 일본군과 직접 전투를 벌였어. 그런 전투 가운데 대표적인 것이 봉오동 전투와 청산리 전투야.

이제 그 두 전쟁을 대승으로 이끈 **홍범도**와 **김좌진** 장군의 이야기를 할 순서야.

김좌진과 홍범도, 일본군 일망타진!

홍범도는 만주에서 대한독립군을 이끌었어. 국내로 진격해 일본과 한판 승부를 벌일 계획도 세웠지. 대한독립군뿐 아니라 이 무렵에는 여러 독립군 단체가 수시로 한반도 북쪽의 국경 지대를 공략했어.

1920년 5월 일제가 독립군 토벌 작전을 시작했어. 독립군에 위기가 온 거지! 홍범도는 여러 독립군 부대와 연합해 싸우는 게 낫겠다고 생각했어. 이렇게 해서 탄생한 연합 부대가 대한북로독군부야.

6월 4일 한 독립군 부대가 함경북도에 있는 일본 순찰소를 공격했어. 일본군은 두만강을 넘어 독립군 부대를 추격했어. 홍범도의 부대가 매복하고 일본군이 오기를 기다렸어. 예상대로 7일 일본군이 봉오동으로 들어왔어. 공격! 독립군의 대승으로 전투가 끝났어. 이게 그 유명한 봉오동 전투야.

일제는 바짝 약이 올랐어. 아예 만주 지역의 독립군 부대를 일망타진 하겠다며 대대적인 토벌 작전을 시작했지. 1만5천여 명에 이르는 대규모 병력을 이곳에 배치했어. 독립군 부대는 일단 산으로 대피했어.

10월 20일 일본군의 군사 작전이 개시됐어. 김좌진은 북로군정서를 이끌고 백운평에 매복했어. 그 사실을 모르는 일본군이 다음날 백운평에 들어서자, 김좌진이 공격 명령을 내렸어. 결국 일본군 200여 명을 사살했어. 이 전투가 그 유명한 '청산리대첩'이란다.

그 후 홍범도의 대한독립군이 전투에 합류했어. 북로군정서와 대한독립군은 수시로 일본군을 치고 빠지는 작전을 폈어. 그러다가 10월 22일 대규모 전투가 시작됐어. 이틀 동안 계속된 목숨을 건 혈전에서 또다시 독립군이 대승을 거뒀어. 이 전투에서만 1천여 명의 일본 병사를 사살했지.

청산리대첩은 총 6일간 진행됐어. 그동안 10여 차례의 전투가 벌어졌지. 이 기간, 일본군은 1200여 명이 죽고 2100여 명이 다쳤어. 반면 독립군은 130여 명이 죽고 220여 명이 다쳤지. 무기와 병력면에서 독립군이 모두 뒤쳐졌지만 완벽한 승리를 거둔 거야. 청산리대첩은 독립군의 항일 무장 투쟁 역사상 가장 큰 승리로 기록돼 있단다.

일제는 이 두 전투에서의 패배로 자존심이 크게 상했어. 괜히 간도에 사는 한국인들에게 화풀이를 했어. 집단 학살! 일제는 1920년 한 해에만 간도에 사는 한국인 수만 명을 살해했어. 이 사건이 간도 참변이야.

독립군은 동포의 피해를 줄이기 위해 간도를 일단 떠나기로 했어. 1921년 그들이 도착한 곳은 러시아의 자유시. 그곳에서 소련 정부의 도움을 받아 군관학교를 세우고, 독립군 양성에 힘을 쏟았어. 하지만 소련 정부가 갑자기 해산하라며 한국 독립군에게 공격을 해왔어. 많은 사상자가 생겼지. 이 사건이 자유시 참변이야. 독립군들은 다시 만주로 돌아왔어. 1923년부터 1925년 사이에 참의부와 정의부, 신민부 같은 독립 단체들이 만들어졌단다.

독립군의 승리 소식은 한국인에게 길고 긴 가뭄 끝에 내린 단비와 같았어. 모두 얼싸안고 기뻐했어. 하지만 무력 투쟁에만 모든 힘을 쏟는 것도 옳지는 않아. 우리의 정신을 잃어버리면 모든 게 끝이잖아?

중국에서 망명생활을 하면서 우리의 역사와 정신을 지키는 사람들도 있었어. 박은식과 신채호가 대표적이지. 이 두 독립운동가의 삶은 아주 비슷하단다. 먼저 **박은식**부터 살펴볼까?

박은식 "역사를 보전해야 나라도 되찾는다"

박은식은 개항 이전인 1859년 태어났어. 어렸을 때 성리학을 공부했고, 어른이 된 후에도 정통 성리학자로 이름을 날렸단다. 당연히 박은식은 개방을 반대하는 위정척사파였지.

하지만 1898년 독립협회 회원이 된 후 개화파로 바뀌었어. 애국계몽운동에 적극 뛰어들었지. 1906년 대한자강회, 1907년 신민회가 만들어질 때도 창립 멤버로 활동했어.

박은식은 신문이나 잡지에 국민을 일깨우는 글을 많이 실었어. 주로 황성신문이나 대한매일신보에 논설을 썼어. 언론인으로서 독립운동을 한 셈이야. 하지만 국권을 빼앗긴 뒤 이런 운동이 불가능해졌어. 민족 잡지와 신문이 모두 폐간됐고, 역사책은 모두 압수됐거든. 박은식이 쓴 책들도 모두 금서로 지정됐어.

박은식은 역사책이 사라지는 것을 매우 안타까워했어. 나라를 빼앗긴 상황에서 국가의 혼이 담긴 역사책마저 없어진다면? 결국에는 한국인의 긍지와 민족성을 모두 잃게 될 거야. 우리 민족의 역사를 아무도 기억 못 하니까!

1911년 4월 박은식은 우리의 혼이 담긴 역사책을 쓰겠다는 일념으로 중국 망명길에 올랐어. 상하이와 만주를 오가면서 여러 책을 썼어. 그 중에는 안중근 의사의 활약을 담은 『안중근전』도 포함돼 있단다.

오랜 작업 끝에 1915년 대작을 완성했어. 바로 『한국통사』야. 3편 114장으로 구성된 방대한 책이지. 흥선 대원군이 집권한 1864년부터 1911년까지의 근대사를 다뤘어.

박은식은 서문에 "나라는 형(形)이고 역사는 신(神)이다. '신'을 보존하면 '형'은 반드시 부활할 것이다!"고 책을 쓰는 이유를 밝혀놨어. 그래, 빼앗긴 나라를 되찾으려면 우리의 역사부터 온전히 보존해야 한다는 거야. 아픈 역사도 배워야 해. 그래야 교훈을 얻을 수 있겠지? 교훈을 얻어야 독립 투쟁도 할 수 있지 않겠어?

『한국통사』에는 일제의 침략행위가 낱낱이 폭로돼 있어. 이 책은 곧 중국, 러시아, 미국의 교포사회로 퍼졌어. 국내에도 반입됐지. 파장은 컸어. 당황한 일제는 조선반도사편찬위원회를 만들었어. 이 단체가 본격적으로 역사 왜곡을 시작했단다.

3·1운동이 일어날 무렵 박은식의 나이는 61세였어. 독립운동에 매진하느라 건강도 안 좋은 상태였어. 하지만 박은식은 몸을 아끼지 않고 여러 임시정부의 통합 작업을 도왔어. 대한민국 임시정부의 수립에 큰 역할을 한 셈이야.

그런 가운데에도 박은식은 『한국독립운동지혈사』를 저술했어. 1920년 12월 간행된 이 책은 1884년의 갑신정변 때부터 1920년까지의 무장 항일독립 투쟁 역사를 담았단다.

1925년 3월 21일 대한민국 임시정부가 이승만 대통령을 탄핵했어.

이승만이 위임통치를 국제 사회에 요청한 데다, 임시정부가 있는 상하이가 아닌 미국에서 주로 집무를 했기 때문이야. 3일 후 2대 대통령에 박은식이 취임했어. 나이 일흔을 바라보는 원로 독립운동가는 임시정부의 혼란을 신속하게 수습했어.

박은식은 내각책임제를 실시하고, 책임자로 국무령을 도입하는 방안을 내놓았어. 개헌이 이뤄졌고, 이상룡이 국무령에 올랐어. 개혁의 임무를 끝낸 박은식은 대통령 자리에서 물러났어. 이 무렵 그는 투병 중이었어. 병은 갈수록 악화됐어. 결국 그해 11월 1일, 박은식은 세상을 떠났단다.

그로부터 4년이 지난 1929년, 신채호의 『조선사연구초』가 발간됐어. 1924년 10월부터 1925년 3월까지 동아일보에 연재했던 글을 모은, 일종의 역사 논문집이야. 신채호는 박은식보다 21세가 어려. **신채호**가 박은식의 바통을 이어받아 역사 연구에 매진한 셈이야.

신채호, "역사는 아(我)와 비아(非我)의 투쟁!"

『조선사연구초』에는 총 6편의 논문이 수록됐는데, 〈조선역사상일천년래제일대사건〉의 파장이 가장 컸어. 고려 중기 '묘청의 난'을 재해석한 논문이야. 신채호는 묘청을 자주와 진보의 아이콘으로, 김부식을 사대와 보수의 상징으로 설정했어. 이어 우리 민족이 조선에 이르러 사대주의의 노예가 됐는데, 묘청의 패배가 결정적 계기였다고 주장했지.

이 해석이 꼭 맞았다고 할 수는 없어. 하지만 신채호가 우리 민족의 역량을 높이 평가하고, 사대주의 사관을 신랄하게 비판한 점은 틀리지 않아.

그로부터 2년이 지났어. 1931년 조선일보에 신채호의 『조선상고사』가 연재됐어. 단군 시대부터 백제가 멸망하고 부흥운동을 펼치던 때까지의 역사를 담았어. 이 글이 당장 단행본으로 나오진 못했어. 단행본으로 출간된 것은 해방 이후인 1948년이란다.

『조선상고사』 머리말에서 신채호는 "역사는 아(我)와 비아(非我)의 투쟁이다!"라고 선언했어. 그의 이 투쟁 사관은 당시 유행하던 사관과 확실히 달랐어. 조선 후기까지만 해도 유학자들은 중국 속에 한국을 포함시키려 했어. 이를 사대주의 사관이라고 하지.

일제강점기에는 더 황당한 사관이 유행했어. 한국은 일본과 한 뿌리이며 이미 오래 전에도 일본의 지배를 받았다는 거야. 주로 일본인과 친일파 학자들이 이런 주장을 펼쳤는데, 이를 식민주의 사관이라고 불러.

신채호는 『조선상고사』를 통해 이 두 종류의 사관을 모두 신랄하게

비판했어. 우리 민족의 입장에서 역사를 새로 쓰려 했단다. 우리 민족을 아(我)로 설정해놓고, 우리를 위협하는 비아(非我)와 투쟁해야 한다고 했어. 외래문화를 수입하더라도 그 문화에 쏠려갈 게 아니라, 그것을 우리 문화 안에 녹여야 한다고 했어.

『조선사연구초』와 『조선상고사』의 영향력이 아주 큰 탓에 신채호를 사학자로만 기억하는 사람들이 의외로 많아. 하지만 신채호는 학문만 하는 학자가 아니었어. 평생 비타협 투쟁을 했고, 끝내 감옥에서 순직한 독립운동가란다.

신채호도 박은식처럼 일찌감치 언론에 몸을 담았어. 황성신문, 대한매일신보에 논설을 썼고, 신민회 출범 때도 창립멤버로 활동했어. 『을지문덕』 『이순신전』 등을 펴내 국민의 역사의식을 고취시켰고, 『독사신론』을 통해 사대주의 사관과 식민주의 사관을 맹렬하게 비판했지.

국권이 빼앗긴 후에는 신민회 동지들과 함께 중국으로 망명을 떠났어. 그 후 만주와 연해주를 오가며 독립운동을 벌였어. 1915년에는 상하이에서 신한청년단을 만드는 데도 참여했지. 이 또한 박은식의 삶과 아주 흡사하지?

신채호는 무오독립선언에도 적극 참여했어. 3·1운동이 일어났을 때는 중국에 유학 중이던 학생들을 모아 대한독립청년단을 만들기도 했지. 3·1운동이 끝난 후 대한민국 임시정부를 세울 때도 참여했어. 처음 회의를 가진 29명의 발기인에 신채호의 이름이 들어 있단다. 신채호는 의정원 의원도 맡았어. 핵심 멤버였다는 뜻이야.

하지만 신채호는 이승만이 대통령을 맡자 사표를 제출하고 임시정부를 떠났어. 한국의 위임통치를 국제 사회에 요청하는 인물을 대통령으로 인정할 수 없다는 뜻이었어. 그 후 신채호는 무력 투쟁으로 독립을 얻어내야 한다고 주장했어. 외교전에만 신경 쓰는 임시정부는 해체해야 한다고 목소리를 높였지. 의열단의 행동강령인 조선혁명선언도 신채호가 썼단다.

신채호는 1927년 신간회의 발기인으로도 참여했어. 일제의 탄압을 뚫고 동아일보와 조선일보에 자주 글을 실었어. 이처럼 비타협적으로 독립 투쟁을 벌이던 그도 일본의 감시를 피할 수 없었어. 1928년 체포되고 말았지.

재판에서 신채호에게 10년 형이 선고됐어. 하지만 이 형량을 다 채우지 못했어. 안중근 의사가 순국했던 뤼순 감옥. 바로 그곳에서 복역하던 신채호도 1936년 세상을 떠났단다.

1920년대가 저물고 있어. 해외 독립운동가들의 투쟁이 두드러졌지? 이에 맞춰 국내에서도 변화의 바람이 불기 시작했어. 1927년 조국의 독립을 위해 좌우 이념을 뛰어넘어 힘을 합친 신간회가 탄생한 거야.

1929년 광주에서는 3·1운동 이후의 최대 항일 민족운동이 터지기도 했어. 이 항일 운동은 학생들이 주도했어. 그래서 광주학생항일운동이라고 부르지.

신간회와 광주학생항일운동은 떼어놓을 수 없을 만큼 밀접한 관련이 있어. 광주학생운동이 터진 현장으로 먼저 가보자. 학생 운동의 시발점은 광주고등보통학교 2학년생 박준채였어. 박준채를 따라가볼까?

광주학생운동에 신간회가 응답하다

1929년 10월 30일 광주~나주 통학열차에서 광주중학에 다니는 일본인 남학생이 광주여자고등보통학교 3학년 박기옥 양을 희롱했어. 그 광경을 광주고등보통학교에 다니는, 사촌 동생 박준채 군이 목격했어. 박 군과 일본인 남학생 사이에 시비가 붙었어.

이 시비는 곧 광주고보와 광주중학 사이의 패싸움으로 번졌어. 경찰이 출동했지. 그 다음은 예상할 수 있지? 일본 학생만 편들었고, 한국 학생은 폭행했어. 이 사건은 곧 광주 전역에 알려졌어.

11월 3일 광주고보 학생들이 가두시위를 시작했어. 다른 학교의 한국 학생들도 참여했지. 또다시 한일 학생들이 집단 싸움을 벌였어. 일제는 광주에 휴교령을 선포하고, 시위를 주도한 한국 학생을 체포했지. 이게 광주학생항일운동의 시작이야. 하지만 이때까지만 해도 이 운동은 광주에 국한된 학생운동에 불과했어. 이것을 전국적인 항일투쟁으로 끌어올린 단체는 다름 아닌 신간회였단다.

만주에서 무장 항일 투쟁이 한창이던 1920년대, 러시아 공산혁명의 영향을 받아 사회주의 세력이 국내에서 크게 성장했어. 사회주의자들은 1925년 조선공산당을 만들기도 했단다.

반면 민족주의 계열은 분열돼 있었어. 일부가 "민족 자치가 중요하다. 일제와 타협해서라도 그것을 얻어내고, 우리 힘부터 키워야 한다!"고 주장했는데, 이 노선을 개량주의라고 해. 나머지 민족주의자들은 "일제와의 타협은 있을 수 없다!"며 비타협주의를 고수했지.

비타협 민족주의자들이 사회주의자들과 손을 잡았어. 이념을 뛰어넘어 민족의 해방과 독립을 위해 싸우기로 하고, 1927년 2월 신간회를 조직한 거야. 초대 회장은 민족주의 진영의 이상재가 맡았어. 그를 포함해 34명의 독립운동가가 참여했단다.

신간회는 전국에 지회를 뒀어. 광주학생항일운동이 일어날 당시만 해도 100여 곳 이상에 지회가 만들어졌어. 회원도 3만 명을 넘어섰어. 하지만 일제의 탄압이 심했어. 신간회는 공개적인 집회 한 번 열 수 없었지.

그런데 신간회가 광주 학생들의 항일 투쟁을 지원하고 나선 거야. 신간회는 조사단을 파견했어. 이 투쟁을 전국적인 항일 투쟁으로 확대시키기 위해 비밀리에 학생투쟁본부를 가동시켰어. 노동단체와 사회단체에도 연락해 공동 투쟁을 준비했지.

11월 12일 다시 대대적인 가두시위가 벌어졌어. 학생들은 식민지 교육을 철폐하고, 한국인을 위한 교육을 실시하라고 외쳤어. 언론과 출판, 집회, 결사의 자유를 보장하라고 목소리를 높였어. 사회 과학과 민족 문화를 공부할 수 있도록 허용할 것도 촉구했어.

또다시 많은 학생들이 경찰에 체포됐어. 하지만 항일 투쟁은 걷잡을 수 없이 확산됐어. 나중에는 전라도 지역을 넘어 서울에서도 학생 항일 투쟁이 일어났단다. 이듬해 1월까지 전국 194개 학교에서 5만 4천여 명의 학생이 투쟁에 동참했어. 일제는 투쟁을 주도한 580여 명을 퇴학시켰고, 2330여 명을 무기정학 시켰단다.

안타까운 것은 신간회가 광주학생항일운동과 운명을 같이 했다는 거야. 항일 투쟁이 최고조에 달한 1929년 12월 신간회는 대규모 민중대회를 준비했어. 하지만 일제가 이를 허용할 리 있겠어? 일제는 신간회를 급습해 핵심 멤버 44명을 체포했단다.

이 사건으로 신간회는 급속하게 약해졌어. 설상가상으로 내부에서 좌우 이념 대립이 나타나기 시작했지. 결국 1931년 5월 신간회는 해체되고 말았어. 그 후 국내에서는 이렇다 할 독립운동 단체가 나타나지 못했어.

1930년대 이후에도 독립 투쟁의 성과는 주로 해외에서 나왔단다. 독립운동가들의 쾌거에 민중은 환호했어. 대표적인 인물들이 이봉창과 **윤봉길** 의사야.

윤봉길, 도시락 폭탄에 독립염원 담다

1931년 중국 상하이에서 한인애국단이 출범했어. 대한민국 임시정부 국무위원인 김구가 일제의 주요 인물을 암살하려고 만든 단체야. 이런 일을 하려면 목숨을 내놓아야 해. 그런데도 피 끓는 젊은이들이 속속 가입했단다.

31세의 이봉창도 한인애국단 단원이 됐어. 그의 목표는 일본 왕 히로히토를 암살하는 것이었지. 1931년 말 이봉창은 비장한 각오로 현해탄을 건넜어.

1932년 1월 8일 히로히토 왕이 도쿄 교외의 한 연병장에서 병사들의 사열식을 관람한 뒤 돌아가고 있었어. 이봉창이 그를 향해 수류탄을 던졌어! 안타깝게 성공하지는 못했어. 폭탄이 터지기는 했는데, 주변 사람들만 다친 거야. 이봉창은 현장에서 체포됐고, 10월 처형됐어.

이봉창과 거의 비슷한 시기에 한인애국단에 입단한 인물이 있어. 바로 윤봉길이야.

윤봉길은 19세부터 농촌계몽운동에 뛰어들었어. 야학당을 직접 운영하며 백성을 깨우고 민족의식을 심어줬어. 나아가 농가 수입을 늘리기 위해 부업을 장려하고 토산품을 애용하자는 운동도 펼쳤어. 나름대로 성과도 꽤 컸어. 하지만 윤봉길은 깊은 고민에 빠졌어. 이런 계몽운동만으로는 한계가 있다는 사실을 깨달은 거야. 결국 그는 중국으로 망명해 무장 투쟁을 하기로 결심했어.

'장부출가생불환(丈夫出家生不還)'. 윤봉길이 1930년 3월 망명의 길에 오르면서 남긴 글이야. 대장부라면 뜻을 이루기 전에 살아서 집으로 돌아오지 않는다는 뜻이지. 독립 투쟁에 목숨을 바치겠다는 그의 결심이 고스란히 드러나 있지?

중국 생활은 쉽지 않았어. 세탁소에서 일하면서 생계를 꾸려야 했어. 그러나 한순간도 독립의 열망을 내려놓은 적은 없어. 마침내 1931년 윤봉길은 김구를 찾아가 독립 투쟁에 목숨을 바치겠다고 약속했어. 이윽고 거사를 준비하기 시작했어.

1932년 당시 일제는 상하이 사변을 일으켜 승리했어. 이 사건은 만주 사변과 마찬가지로 일제의 자작극이었지. 일제는 4월 29일 홍커우 공원에서 승전 기념식을 갖기로 했어. 마침 이 날은 일본 왕의 생일이었단다. 일본군은 축제 분위기였지.

윤봉길이 타깃으로 삼은 게 바로 이 행사였어. 시라카와 일본군 대장을 비롯해 일본 고위 인사들을 한꺼번에 처단할 수 있는 기회였거든. 거사 3일 전, 윤봉길은 한인애국단에 입단했어. 이 투쟁이 개인의 테러가 아니라 독립을 위한 정당한 거사라는 점을 분명히 하기 위해서였어.

마침내 4월 29일이 됐어. 윤봉길은 물통과 도시락 모양의 폭탄 1개씩을 가지고 홍커우 공원으로 향했어. 일본군의 경비가 삼엄했지만 윤봉길은 무사히 행사장으로 들어갈 수 있었지.

기념식이 한창 진행되고 있을 때 윤봉길이 폭탄을 던졌어. 일본군 대장 시라카와, 거류민 단장 가와바다가 현장에서 죽었어. 제3함대 사령관 노무라 중장, 제9사단장 우에다 중장 등은 중상을 입었어.

윤봉길도 이봉창과 마찬가지로 현장에서 체포됐어. 그리고 12월 총살됐어. 이때 윤봉길의 나이 만 24세였단다. 꽃다운 청춘을 조국에 바친 거야.

당시 중국의 지도자는 장제스였어. 그는 "4억 중국인이 해내지 못한 일을 윤봉길이 혼자서 해냈다!"며 극찬했어. 중국 정부가 대한민국 임시 정부에 신경을 쓰고, 각종 지원을 해준 것도 이 쾌거 이후의 일이란다.

1930년대로 접어들면서 일제는 종전보다 더 악랄하게 식민통치를 했어. 중국에 대해서도 1931년의 만주사변을 시작으로 침략 야욕을 노골적으로 드러냈지. 아주 살벌한 시절이었어. 그러니 윤봉길의 의거가 더욱 돋보일 수밖에 없지.

이 무렵 일제는 국내에서도 민족말살통치를 시작했어. 한반도를 군수물자를 공급하는 병참기지로 만들었어. 우리 민족성을 말살하고 일본 왕의 신하로 만들기 위해 황국신민화 정책을 추진했어.

우선 모든 한국인에게 신사참배를 강요했어. 일본과 조선의 조상은 같다는 일선동조(日鮮同祖), 조선과 일본은 한 몸이라는 내선일체(內鮮一體)를 주입했고, 모든 행사 때마다 일본 왕을 찬양하는 황국신민서사를 외우게 했어. 태평양전쟁이 본격화한 1938년 무렵부터는 총동원령을 발동해 인력과 물자를 강탈해갔어. 젊은 남자는 전쟁터와 공장에, 젊은 여성은 위안부 시설에 끌고 갔어.

일제의 발악은 점점 더 심해졌어. 하지만 일제가 곧 패망할 것이라고 생각하는 민족 지도자가 있었어. 바로 여운형이야. **여운형**은 일제 패망

이후를 대비하기 시작했단다.

해방 이후를 준비한 선각자 여운형

1944년 8월 10일 여운형은 조선건국동맹이란 비밀결사를 만들었어. 딱 1년 후, 이 결사가 조선건국준비위원회(건준)가 된단다. 이 단체는 해방 이후의 한국을 한동안 지휘했어. 결과가 썩 좋지만은 않았지만.

여운형은 다른 민족 지도자와 비슷한 길을 걸었어. 일찌감치 애국계몽운동에 뛰어들었고, 중국에 망명해 독립 투쟁을 했지. 특이한 점이 한 가지 있는데, 그가 야구에 푹 빠졌다는 거야. 여운형은 당시 국내 첫 야구팀인 YMCA 야구팀에 소속돼 있었어. 일본으로 원정 경기까지 갔었다고 해.

여운형은 1918년 신한청년단의 발기인으로 참여했어. 이때부터 그의 본격적인 독립운동이 시작됐다고 할 수 있어. 그는 김규식을 파리평화회의에 대표로 파견하기도 했지. 대한민국 임시정부가 출범한 후에는 의정원의 의원으로도 활약했어.

여운형은 공산주의를 배격하지 않았어. 1920년 5월에는 고려공산당에도 가입했단다. 러시아 모스크바에 가서 소련의 1인자인 레닌을 만나 도움을 요청하기도 했어. 1925년 무렵 중국에서는 민족주의와 공산주의 계열이 함께 일본과 싸우고 있었어. 이를 국공합작이라고 하는데, 여운형은 우리도 그런 합작모델이 가능할 거라 믿었어.

일제는 그런 여운형을 그냥 두지 않았어. 1929년 7월 여운형은 일제 경찰에 체포돼 국내로 압송됐어. 그 후 4년간 감옥에 갇혀 지냈지. 출옥한 후에는 조선중앙일보사 사장에 취임했어. 하지만 베를린 올림픽 마라

톤 우승자 손기정의 시상식 장면에서 일장기를 지워버리는 바람에 신문은 폐간됐단다. 바로 그 다음 만든 게 조선건국동맹이었어.

1945년 8월이 되자 일제의 패망은 기정사실이 됐어. 조선총독부는 '출구전략'을 짜기 시작했어. 일본인의 안전한 철수를 위해선 국내 민족지도자의 도움이 필요했어. 당시 국내에서 가장 인기 있는 지도자가 여운형이었어. 일제는 여운형과 협상을 시작했어. 여운형은 감옥에 갇힌 한국인을 석방하고, 일절 우리 정치에 간섭하지 말라는 요구 조건을 내걸었어. 조선총독부는 받아들일 수밖에 없었어.

8월 15일, 마침내 일제가 전면 항복했어. 여운형은 즉각 건국동맹을 건국준비위원회로 확대했지. 국공합작 모델을 도입해 위원장은 중도 좌파인 자신이 맡았고, 부위원장에는 우파 안재홍과 좌파 허헌을 동시에 임명했어.

하지만 공산주의자 박헌영까지 가세하면서 건국준비위원회는 좌파로 급속하게 기울었어. 그러자 우파가 탈퇴하기 시작한 거야. 안재홍마저 9월 1일 조선국민당을 만들며 딴 살림을 차렸을 정도야.

그래도 개의치 않고 정부 수립에 박차를 가했어. 마침내 9월 6일 조선인민공화국의 수립을 선포했어. 기록상 한반도에 들어선 첫 공화국 정부야. 대통령에 해당하는 주석에는 이승만, 부주석엔 여운형, 총리에는 허헌이 선정됐어. 김구, 안재홍, 김규식 등 민족 지도자 55명은 대표위원으로 위촉했지.

공화국 시대가 열리는 걸까? 아니야. 우파가 집단 탈퇴했기 때문이야. 이승만은 주석을 맡지 않겠다고 했어. 설상가상으로 남한에 들어온 미군정이 조선인민공화국을 정부로 인정하지 않았어. 미군정은 9월 9일 "오늘부로 38도 이남의 조선 영토를 점령한다!"며 포고령 1호를 발표했어. 이어 조선인민공화국을 해체해버렸어.

그렇다면 중국 충칭에 있는 대한민국 임시정부는 인정했을까? 아니야. 미국은 임시정부마저 무시했어. 임시정부 요인들은 정부 인사가 아니라 개인 자격으로 귀국해야 했어. 임시정부 출범 때부터 꿋꿋이 버텨왔던 **김구**의 마음은 어땠을까?

민족주의자들의 산맥, 김구

김구가 19세가 되던 1894년 동학 운동이 터졌어. 열혈 청년 김구는 동학 농민군의 선봉대장 역할을 맡았어. 투지는 하늘을 찌를 정도였지. 하지만 전투에서는 패했단다.

그 후 김구는 중국과 한국을 오가며 의병 투쟁을 벌였어. 그러던 중 을미사변이 터졌어. 조선 백성이 모두 분노했으니 열혈 청년 김구의 분노는 어느 정도였을까? 결국 그가 일을 내고 말았어. 황해도 안악군 치하포항의 한 주막에서 조선인으로 위장한 일본인을 죽여 버린 거야. 이 일본인이 상인이었는지, 아니면 첩자이거나 일본 군인인지는 아직도 밝혀지지 않았단다.

어쨌든 이 사건으로 김구는 체포됐고, 1897년 7월 사형을 선고받았어. 다행히 고종 황제가 특사를 내려 사형을 막을 수 있었지. 하지만 일제의 눈치 때문에 풀어주지는 못했어. 김구가 감옥에서 계속 고생했을까? 아니야. 1898년 3월 9일 김구는 탈옥에 성공했어. 잠시 절에 몸을 숨기고 스님으로 지내기도 했단다. 정말 인생역정이 복잡하지?

그 후 김구도 다른 민족 지도자들처럼 애국계몽운동에 뛰어들었어.

신민회에도 가입했고, 신민회가 해체될 때는 감옥생활도 했어. 3·1운동이 일어난 후 많은 독립운동가들이 해외로 망명을 떠났지? 김구도 1919년 4월 상하이로 망명을 떠났단다.

김구는 대한민국 임시정부에서 일했어. 주요 직책을 두루 맡아 활동하면서 거물로 성장했지. 1928년에는 안창호, 이동녕 등 민족주의 진영 인사들과 함께 한국독립당을 창당해 총재를 맡기도 했어.

1920년대 이후 임시정부는 침체 상태였어. 많은 독립운동가들이 이념 문제로 임시정부를 떠났고, 중국과 일제의 탄압도 심했지. 김구는 난국을 돌파하기 위해 무력 투쟁을 본격 시도하기로 했어. 임시정부 군대는 없어. 그렇다면 어떻게 무력 투쟁을 할까?

바로 특무공작이야. 일제의 주요 인물을 암살하거나 시설을 파괴하는 것! 이를 위해 조직한 게 한인애국단이지. 1932년의 이봉창 의거와 윤봉길 의거가 한인애국단 작품이었어.

1930년대 후반으로 접어들면서 일제의 탄압은 극에 달했어. 임시정부는 몇 차례나 본거지를 옮겨야 했지. 1939년 몇 차례의 이사 끝에 임시정부는 충칭에 정착했어. 김구는 임시정부의 주석에 선출됐어.

1940년부터 임시정부가 바빠졌어. 광복군 총사령부를 만들고, 산하에 군대를 양성하기 시작했어. 중국 정부로부터 지원 약속도 받아냈어. 내부 정치도 정비해 여러 정당을 한국독립당으로 통합했어.

1944년 4월 김구가 다시 주석에 선출됐어. 김구는 미국과 군사적 협력 관계를 구축했어. 광복군은 미국전략특수공작대, 즉 OSS와 특수훈련을 시작했어. 광복군이 직접 한반도로 침투할 계획을 세웠어. 하지만 1945년 8월 15일 일제가 항복해 이 계획은 실행할 필요가 없어졌어.

꿈에도 그리던 해방! 하지만 미군정은 대한민국 임시정부의 정통성을 인정하지 않았어. 모스크바3상회의에서는 한반도의 신탁통치를 강대국들이 제 맘대로 논의했어. 김구는 신탁통치 반대 운동을 주도했지. 반면 좌파들은 신탁통치를 찬성했어. 좌우 이념 대립은 극에 달했어. 좌우 합작을 추진하던 여운형은 기회주의자로 몰려 1947년 7월 암살됐단다. 얼마나 혼란스러웠는지 짐작이 가지?

또 다른 비보가 날아왔어. 국제연합(유엔)이 1948년 남한에서만 단독 선거를 실시한다고 결의했다는 거야. 원래는 유엔 감시 하에 남북 동시 선거를 치르기로 했었어. 북한이 거부하는 바람에 계획이 바뀐 거야. 남북 단일정부를 꿈꾸던 김구에겐 청천벽력과도 같은 소식이었어.

4월 19일 김구는 북한으로 넘어가 남북 지도자들과 통일 정부를 세우기 위한 방안을 논의했어. 하지만 큰 성과를 거두지 못했어. 김구는 빈손으로 남한으로 내려와야 했단다. 약 두 달 후인 6월 26일, 김구는 육군 소위 안두희에게 암살됐어. 그가 왜 김구를 암살한 것일까? 그의 배후엔 누가 있었을까? 하지만 안두희는 죽을 때까지 입을 다물었어. 오로지 역사만이 진실을 알 뿐이지.

김구가 암살되기 한 달여 전쯤인 5월 10일, 남한에서만 총선거가 치러졌어. 새 정부가 들어섰지. 이 정부가 제1공화국이야. 대한민국 임시정부의 초대 대통령을 지낸 **이승만**이 초대 대통령에 취임했어. 김구는 남한 단독 정부라는 이유로 참여하지 않았단다.

이승만은 독립운동가? 친미주의 독재자?

1948년 8월 15일 대한민국 정부가 수립됐어. 초대 대통령은 이승만, 부통령은 이시영이었어. 이로써 제1공화국 시대가 열렸어. 북한에서도 9월 9일 조선민주주의인민공화국 정부가 들어섰어. 분단국가가 된거지.

이승만은 일찌감치 미국 생활을 시작했어. 국권 피탈 후 잠시 귀국해 독립운동을 하기도 했지만 1914년 다시 하와이로 건너갔어. 이승만은 해외에서 '외교에 의한 독립'을 주장했어. 미국을 비롯해 국제 사회에 외교적으로 호소해 독립을 얻자는 뜻이야.

대한민국 임시정부에서도 이승만은 강력한 대통령을 꿈꿨어. 다른 독립운동가들과의 갈등이 심했지. 한반도의 위임통치를 청원한 사실까지 드러나면서 이승만은 탄핵되고 말았단다. 사실 독립운동가로서 이승만의 업적에 대해서는 논란이 많아. 그를 비판하는 학자들은 임시정부에서도 그랬고, 미국으로 건너간 후에도 독립운동 단체의 분열만 야기했다고 주장한단다.

이승만은 해방 이후에 한국으로 돌아왔어. 다른 독립운동가들과 달리 이승만은 '미국 통'이었고, 철저한 반공주의자였어. 미군정은 그런 이승만을 새 한국 정부의 대통령에 앉히고 싶어 했어.

하지만 이승만 대통령이 우리 민족에게도 좋은 점수를 받았다고 할 수는 없어. 그는 친일파 청산을 위해 만든 반민족행위특별조사위원회(반민특위)를 좌파라며 강제로 해산시켰어. 그 때문에 친일파는 버젓이 국가의 고위 관료 자리를 꿰찰 수 있었지.

1950년 6월 25일 북한이 남침을 개시했어. 이승만 정부는 무능했어. 3일 만에 서울이 함락됐어. 연일 후퇴에 후퇴. 결국 부산까지 쫓겨 내려갔지. 다행히 9월 15일 국군과 유엔군의 연합 작전으로 인천상륙작전에 성공하면서 전세를 역전시킬 수 있었어. 서울을 되찾았고, 평양을 넘어 압록강까지 진격했어. 북진통일이 눈앞에 보이지?

그 순간 중국이 개입했어. 18만 중국군의 반격에 국군은 후퇴할 수밖에 없었어. 1951년 1월 14일 또다시 서울을 빼앗겼지. 하지만 3월 5일 되찾았어. 이때부터 양쪽이 엎치락뒤치락하며 전쟁은 장기전으로 접어들었지.

임시수도 부산은 이승만의 정치 공작 때문에 아주 어수선했어. 1952년 7월 이승만은 자신의 대통령 재선에 유리하도록 만든 발췌개헌안을 강제 통과시켰어. 새 헌법에 따라 8월 정·부통령 선거가 실시됐고, 이승만은 2대 대통령에 당선됐지.

1953년 7월 27일 휴전협정이 체결됐어. 6·25전쟁이 드디어 끝난 거야. 폐허로 변한 국토의 재건을 위해 모두가 힘을 합쳐야 할 때, 이승만은 3선 대통령이 되기 위한 음모를 꾸미고 있었어. 헌법은 3선을 허용하지 않았어. 그렇다면? 그래, 헌법을 바꾸면 돼!

1954년 11월 3선을 허용하는 개헌안을 놓고 국회 표결이 실시됐어. 헌법은 의원의 3분의 2가 찬성해야 고칠 수 있지. 당시 의원이 203명이었으니 136명이 찬성해야 가능한 일이었어. 투표 결과 135명만 찬성했어. 부결!

이승만이 억지를 부리기 시작했어. 203명의 3분의 2는 135.333이야. 수학의 반올림 법칙을 적용하면 소수점 이하가 5가 안 되기 때문에 버려야 해. 이승만은 이런 논리를 내세워 135명만으로도 충분하다고 주장했어. 이게 그 유명한 4사5입 개헌이야. 1956년 5월 이승만은 다시 대통령에 당선됐어.

4년이 흘러 1960년 3월 15일 4대 정·부통령 선거가 실시됐어. 여당인 자유당에서 이승만과 이기붕이 출마했어. 온갖 부정 선거가 판쳤지. 이승만과 이기붕이 다시 당선됐어. 민중들은 더 이상 참을 수 없었단다. 가장 먼저 경남 마산에서 "3·15부정선거는 무효다. 재선거하라!"며 시위가 시작됐어. 이런! 경찰이 실탄을 쏘았어. 8명 이상이 목숨을 잃고, 70명 이상이 다쳤어.

4월 11일 행방불명된 학생 김주열의 시신이 마산 앞바다에 떠올랐어. 그의 눈에는 최루탄이 박혀 있었어. 또다시 민중의 분노가 폭발했어. 전국적으로 시위가 확산됐지. 마침내 4월 19일 대학생 2만여 명이 경무대 (오늘날 청와대)로 행진했어. 경찰이 또 발포하는 바람에 시위가 더 격해졌어. 경찰서가 불에 탔고, 이승만의 하야를 요구하는 목소리가 더욱 커졌어. 이 민중 봉기가 바로 4·19혁명이야.

결국 이승만이 손을 들었어. 4월 26일 대통령직에서 물러난 후 하와이로 도망갔어. 부통령 이기붕은 가족과 함께 자살했지. 제1공화국은 이렇게 무너졌어. 6월 15일 과도정부가 꾸려졌어. 과도정부는 대통령 중심제를 의원내각제로 바꿨어. 새 헌법에 따라 새 정부가 꾸려졌어. 장면을 총리로 하는 제2공화국이 출범했어.

4·19혁명으로 얻은 민주주의를 제2공화국 정부는 지키지 못했어. 학생들은 남북통일을 촉구했고, 민주화를 요구했어. 여러 의견이 분출하면서 사회는 더 혼란해 보였어. 이런 상황을 참지 못하는 집단이 있었어. 바로 군부야. 군부의 리더 **박정희**가 움직이기 시작했어.

박정희, 민주주의 담보로 경제성장 얻다

1961년 5월 16일 새벽 육군 소장 박정희가 군사정변을 일으켰어. 약 250명의 장교가 그를 따랐어. 탱크를 앞세운 반란군은 정부의 주요기관을 장악한 뒤 '혁명공약'을 발표했어.

첫째, 반공을 국시로 삼을 것. 둘째, 미국과 유대를 강화할 것. 셋째, 부패를 청산할 것. 넷째, 자주경제에 총력을 기울일 것. 다섯째, 통일을 위한 힘을 기를 것. 여섯째, 사태수습이 끝나면 군 본연의 임무로 돌아갈 것.

5월 18일 반란군은 국가재건최고회의를 만들었어. 입법, 행정, 사법권을 모두 장악한 초국가기구였어. 21일 장면 총리와 내각이 총사퇴했어. 7월 3일 박정희가 드디어 국가재건최고회의 의장에 올랐지. 최고의 권력자가 됐어. 남은 건? 그래, 대통령이 되는 거야.

1962년 12월 강력한 대통령제를 담은 헌법이 국민투표를 통과했어. 1963년 2월 민주공화당이 만들어졌고, 8월 박정희가 입당했으며 10월 5대 대통령 선거가 치러졌어. 일사불란하지? 당연히 박정희가 당선됐고, 12월 17일 취임했어. 제3공화국 시대가 열린 거야.

제3공화국 시절 경제는 초스피드로 성장했어. 박정희 대통령은 국가가 주도해 경제를 끌어올리는 방식을 택했어. 대표적인 게 경제개발 5개년계획이야. 이 사업은 1962년 시작됐어. 5년마다 새로운 사업을 시작했어. 1981년까지 4차에 걸쳐 진행됐지. 제5공화국 때부터는 '경제사회발전계획'이라는 이름으로 불렸어. 1996년 제7차 사업을 끝으로 사라졌단다.

경제 재건은 농촌에서부터 시작됐어. 1970년대 전국을 들썩거리게 한 새마을 운동이 바로 그것이야. 이 운동에 대한 비판도 많지만, 덕분에 농촌이 많이 현대화된 것 또한 부정할 수는 없어.

산업 인프라도 대폭 늘어났어. 1968년 2월 착공한 경부고속국도를 시작으로, 전국 곳곳에 도로가 만들어졌어. 항만과 공항도 속속 들어섰지. 간척사업도 많이 벌였어. 남한 전체가 건설 공사 현장이 아닐까 싶을 정도였어.

대한민국은 지하자원이 부족한 국가야. 박정희 대통령은 수출만이 살길이라고 여겼어. 강력한 수출 드라이브 정책을 펼쳤지. 이 과정에서 대기업에 많은 특혜를 준 점은 비판을 받고 있어.

어쨌든 이런 노력 덕분에 매년 10%에 가까운 경제성장을 이룰 수 있었어. 1970년대 중반이 되자 도시 인구가 전체의 절반을 넘어섰고, 1980년 무렵에는 전국의 거의 모든 지역에 전기가 보급됐어. 교통의 발달로, 전국은 일일생활권이 됐지.

이처럼 경제 성장과 대한민국 현대화에 쏟은 박정희 대통령의 노력과 공로는 인정해야 해. 하지만 정치 분야에서도 그런 평가를 받을 수 있을지는 미지수야. 오늘날 많은 사람들이 박정희 대통령을 비판하는 것도 이 때문이야. 정치 민주주의가 크게 후퇴했거든.

1965년 한일협정(한일기본조약)이 체결됐어. 당장 굴욕 외교라며 전국에 난리가 났어. 당시 정부의 가장 큰 목표는 경제 성장이었지? 일본은 조약을 체결하는 대가로 수억 달러의 차관을 약속했어. 그러니 정부가 조약에 서명을 한 거야. 문제는, 조약 내용이 우리에게 너무 불리하다는 데 있었어. 빼앗긴 문화재도 찾을 수 없게 됐고, 일본에 대해 식민지배 기간의 피해에 대한 손해배상을 청구할 수도 없게 됐어.

베트남 전쟁에 한국군을 파견하는 것도 국민 저항에 부닥쳤어. 우리가 반공을 국시로 삼고 있는데다 6·25전쟁 때도 많은 국가들이 지원군을 보내왔으니 이게 문제가 될 수는 없어. 하지만 국민과의 소통 없이 대통령이 일방적으로 결정하는 것은 큰 문제야. 그러니 전국적으로 반전 시위가 터져 나올 수밖에 없지.

박정희 대통령도 이승만과 마찬가지로 장기 집권을 노렸어. 1967년 재선, 1971년 3선에 성공했어. 국민은 변화와 개혁을 원했지만, 정치는 정반대의 길로 가고 있는 셈이지.

1972년 7월 4일 남북한 정부가 동시에 통일에 관한 성명을 발표했어. 이게 7·4남북공동성명이야. 자주, 평화, 민족대단결이란 3대 원칙이 선포됐지. 하지만 정치는 이상하게 돌아갔어. 그해 11월 24일 박정희 정권은 유신(維新)헌법을 제정했단다.

유신헌법은 평화 통일을 위해서는 대통령의 권한을 강화해야 한다는 생각에서 만들어진 거야. 대통령을 과거의 왕이나 황제의 반열에 올려놓는 거지. 대통령을 '영도적 국가원수'라고 불렀다는 사실만으로도 이를 알 수 있어. 대통령도 일반 선거가 아닌, 통일주체국민회의에서 뽑도록 했어. 이 기구의 의장은? 물론 박정희였지.

유신헌법에는 초법적인 장치들도 있었어. 대표적인 게 긴급조치야. 대통령이 사회가 혼란스럽다고 판단하면 공포할 수 있어. 긴급조치가 공포되면 개인의 기본권까지 제한돼. 박정희는 이런 긴급조치를 아홉 번이나 공포했단다.

어쨌든 새로 유신헌법이 공포됐으니 대통령을 다시 뽑았어. 후보는 박정희 한 명이었어. 2표가 무효표였고, 2357표가 찬성. 이렇게 해서 1972년 박정희는 8대 대통령이 됐어. 제4공화국 시대가 시작됐지.

유신 시대, 대한민국의 민주주의는 죽어 버렸어. 테러와 야만의 시대였지. 야당 지도자인 김대중이 일본에서 납치돼 암살될 위기에 처하기도 했어. 민주주의 투쟁을 벌이는 대학생들은 잡아다 고문했어. 많은 사건들이 조작됐어. 그 와중에 수많은 젊은이들이 빨갱이 누명을 쓰고 형장의 이슬로 사라졌단다.

정리해볼까? 제3공화국과 재4공화국을 거치며 대한민국 경제는 눈부실 정도로 성장했어. 외국 언론들도 '한강의 기적'이라며 극찬을 했지. 하지만 민주주의 발전 속도는 경제 발전 속도를 따라가지 못했어. 오히려 크게 후퇴했지. 민중의 삶은 고단했어. 특히 산업 현장에 있는 노동자의 삶은 많이 비참했어.

제3공화국 시절인 1970년, 한 노동자의 자살이 대한민국을 떠들썩하게 했어. 왜 그는 스스로 목숨을 끊어야 했을까? 청년 노동자 **전태일**의 이야기야.

전태일의 절규 "근로기준법을 지켜라"

1970년 11월 13일 청계천 평화시장. 봉제공장 재단사 전태일이 근로기준법 화형식을 가졌어. 법전이 한창 타고 있을 때 전태일은 스스로 불길로 뛰어들었어. 분신. 22세의 짧은 생은 그렇게 마감됐어.

전태일은 초등학교 4학년까지밖에 다니지 못했어. 가난 탓이었지. 17세 때부터 평화시장의 봉제공장에서 일을 했어. 그가 일하는 곳은 직원이 2만여 명인, 꽤 규모가 큰 공장이었어. 하지만 노동 환경은 아주 열악했어. 직원 중에는 나이 어린 소녀가 많았는데, 그 아이들도 쥐꼬리만한 월급을 받고 중노동을 해야 했단다.

전태일은 동료들과 바보회를 만들었어. 노동조건이 얼마나 열악한지를 조사하고 다녔지. 그 과정에서 근로기준법이 있다는 사실을 알게 됐어. 한자투성이 법전을 공부하고, 또 공부했어.

그렇게 공부한 결실일까? 전태일은 회사가 법을 지키고 있지 않다는 사실을 깨달았어. 노동청과 서울시에 노동환경을 개선해달라는 진정서를 냈어. 근로감독관을 파견해달라는 요청도 했어. 하지만 모두 거절됐어. 공무원들은 노동자의 인권에 아무런 관심이 없었던 거야.

전태일은 마지막으로 대통령에게 호소하기로 했어. '대통령에게 보낸 편지'라는 이름으로, 부당한 노동현실을 고발한 거야. 그 내용을 볼까?

봉제공장에서 잔심부름을 주로 하는 아이들을 '시다'라 불렀어. 그 시다 소녀는 평균 15세. 하루에 16시간을 일하고 있었어. 2주를 일한 뒤

하루씩밖에 쉬지 못했어. 공장은 제대로 환기도 안 되고 볕도 들지 않았어. 소녀들은 눈병, 위장병, 폐결핵 등으로 고생하고 있었지.

전태일은 하루 근무 시간을 10~12시간으로 줄여달라고 했어. 매주 일요일은 쉬게 해달라고 했지. 임금은 50%만이라도 올려달라고 했어. 불쌍한 어린 소녀들을 위해 건강검진이라도 시켜달라고 했어.

이번엔 간절한 바람이 받아들여졌을까? 아니야. 아무도 그의 목소리에 귀를 기울이지 않았어. 전태일은 사람들을 모아 시위를 주도했어. 그래도 바뀌는 건 없었어. 전태일은 절망했어. 전태일은 마지막 남은 방법을 시도하기로 했어. 바로 분신자살! 죽음으로서 근로기준법을 지켜달라는 주장을 세상에 알리기로 한 거야.

그의 죽음은 큰 파문을 불러 일으켰어. 노동자들이 얼마나 열악한 삶을 살고 있는지에 대한 관심이 커지기 시작했지. 노동 운동도 본격화했어. 민주주의에 대한 투쟁은 더욱 거세졌어. 박정희 정권은 이 모든 요구를 묵살했어. 유신 헌법을 통과시켜 독재 발판을 다졌지. 하지만 박정희 정권도 곧 끝을 보게 됐어.

1979년 10월 26일, 중앙정보부장 김재규가 박정희를 암살했어. 바로 10·26사건이야. 김재규는 곧바로 붙잡혔어. 보안사령관 전두환이 합동수사본부장을 맡아 김재규를 조사하기 시작했어. 11월 16일 전두환은 김재규의 단독범행이라고 발표했어.

전두환은 순식간에 거물로 떠올랐어. 노태우, 황영시, 장세동, 허화평, 허삼수, 이학봉 등이 전두환을 따랐어. 이들을 '신(新)군부'라 불렀단다. 육군참모총장 정승화는 신군부의 야심을 눈치 챘어. 그들의 리더인 **전두환**을 멀리 동해안 경비사령관으로 발령 내자, 신군부가 발끈했어. 쿠데

타 음모가 시작됐단다.

전두환과 노태우, 민주주의를 학살하다

12월 7일 최규하가 10대 대통령에 취임했어. 최규하 대통령은 유신헌법을 폐지하겠다고 선언했어. 하지만 그는 이 약속을 지킬 수 없었어. 신군부가 반란을 일으켰기 때문이야. 바로 12·12군사반란이야.

12월 12일 오후 6시, 육군참모총장 공관에서 총격전이 일어났어. 신군부의 승리. 신군부는 정승화를 체포했고, 다음날에는 국방부와 육군본부 등 중요한 기관을 모두 장악했어. 이어 민주주의를 열망하는 국민을 잔인하게 진압했어. 1980년 5월 광주는 핏빛으로 물들었단다.

5월 18일 전국에 확대비상계엄이 떨어졌어. 모든 정치활동 금지! 집회와 시위도 금지! 언론은 검열! 대학엔 휴교령 발령! 그야말로 대한민국의 모든 활동에 재갈을 물려 버렸어. 전남대학교엔 공수부대가 투입됐어. 광주 시민이 저항했지만 군인들은 무차별 진압했어.

이때부터 5월 27일까지 약 10일간 광주 항쟁은 계속됐어. 전두환은 "폭도들이 체제를 전복하려 한다!"고 조작했어. 결국 유혈 진압으로 광주 항쟁은 끝났어. 공식 기록에 따르면 191명이 사망했고, 852명이 다쳤어. 오랜 시간, 이 항쟁은 광주 폭동이라 불렸어. 1997년에 명예 회복을 했고, 뒤늦게 국가기념일로 지정됐지. 요즘은 광주민주화운동이라 부른단다.

광주 시민을 학살한 전두환은 최규하 대통령을 쫓아냈어. 야당인 신민당의 김영삼 총재는 강제로 정치에서 은퇴하게 했어. 최규하 대통령의 남은 임기를 채우기 위해 대통령 선거를 치렀는데, 전두환 혼자 출마했어. 지지율 100%. 이런 투표가 세상에 어디 있니?

1981년 2월 제12대 대통령 선거에서도 전두환이 당선됐어. 제5공화국 시대가 열렸어. 전두환 대통령은 '정의사회 구현과 복지사회 건설'을 슬로건으로 내세웠어. 물론 현실은 전혀 그렇지 않았지. 민주주의를 열망하는 투쟁이 다시 시작됐어.

7년의 임기가 끝나는 해인 1987년이 왔어. 1월 서울대생 박종철 군이 물고문을 받다가 목숨을 잃었어. 전두환은 시위를 강제 진압했어. 국민의 대통령 직선제 요구도 안 받아들였어. 6월 들어 시위가 더욱 격해졌어. 연세대생 이한열 군이 경찰이 쏜 최루탄에 머리를 맞고 목숨을 잃었어. 살인 정권을 규탄하는 목소리가 전국을 덮었어.

6월 29일 결국 전두환이 두 손을 들었어. 대통령 직선제를 받아들이

겠다고 선언했어. 이게 그 유명한 6·29선언이야.

12월 16일 대통령 선거가 직선제 방식으로 치러졌어. 야당이 분열하는 바람에 신군부의 일원이자 집권당 후보인 노태우가 대통령에 당선됐어. 노태우가 이듬해 2월 대통령에 취임했어. 제6공화국이 시작된 거야.

노태우 대통령은 '보통사람의 시대'를 슬로건으로 내세웠어. 하지만 그 또한 보통사람과는 달랐어. 천문학적인 액수의 비자금을 몰래 챙겼지. 다만 1988년 치러진 서울 올림픽은 기억할 만해. 이 행사로 인해 대한민국의 위상이 많이 높아진 게 사실이거든.

1992년 12월 18일 14대 대통령 선거가 치러졌어. 여당의 후보는 김영삼이야. 그래, 야당 당수였던 바로 그 인물이야. 김영삼은 노태우 정권 말기에 여당과 합쳤어. 그래서 여당 후보로 출마한 거지. 결과를 보면, 김영삼이 야당 후보인 김대중을 눌렀어.

대한민국의 현재와 미래

1993년 2월 김영삼 정부가 출범했어. 슬로건은 '문민정부'였어. 처음으로 군부 출신이 아닌 인물이 대통령이 됐다는 뜻이 담겨 있지.

그해 8월 김영삼 정부는 금융실명제를 전격 시행했어. 자기 이름으로만 은행 거래를 할 수 있는 제도야. 부정한 돈 거래를 막으려는 취지였어. 그전까지는 다른 사람 이름으로도 통장을 만들 수 있었단다.

김영삼 정부 말기인 1997년 한국 경제가 무너졌어. 대기업들이 잇달아 부도를 맞았고, 외환 보유고는 바닥을 드러냈어. 정부는 12월에 국제통화기금(IMF)에 도움을 요청할 수밖에 없었어. 이때부터 대한민국은

IMF의 '경제적 지배'를 받았지.

국민은 김영삼 정부에 크게 실망했어. 그해 12월 치러진 대통령 선거에서 야당의 김대중 후보가 당선됐어. 1998년 2월 김대중 정부가 출범했어. 슬로건은 '국민의 정부'였지.

6월 13일 김대중 대통령이 평양을 전격 방문했어. 북한 김정일 국방위원장과 정상회담을 가졌지. 분단 이후 남북의 정상이 처음 만나는 대형사건이었어. 2002년 일본과 공동으로 FIFA 월드컵을 개최한 것도 기억할 만한 일이야. 우리 국가대표팀은 4강 신화를 이룩해냈지.

2003년 2월 노무현 정부가 출범했어. 슬로건은 '참여정부'. 노무현 대통령은 개혁주의자였어. 여러 분야에서 개혁을 밀어붙였어. 하지만 그 과정에서 갈등도 많았어. 결국 대통령 탄핵소추안이 발의되는 초유의 사태까지 벌어졌단다.

2008년 2월 이명박 정부가 출범했어. 이명박 대통령 또한 반대파로부터 많은 공격을 받았어. 미국 쇠고기 수입 문제로 연일 촛불 집회가 벌어지기도 했어. 2009년 5월 노무현 전 대통령이 투신자살하자 또다시 반대파로부터 집중 공격을 받았어.

2013년 2월, 박근혜 정부가 출범했어. 이 정부에서는 어떤 업적들이 만들어질까? 두고 봐야겠지.

앞으로의 대한민국은 어떻게 발전할까? 이미 세계 속으로 퍼진 한류 문화에서 힌트를 찾을 수 있어. 세계 속으로 뻗어나가는 대한민국! 우리가 반드시 이뤄내야 할 과제란다.

시대순 인물 찾아보기

5장 근·현대 시대

―

꼬리에 꼬리를 무는
한국사 인물 이야기

초판 1쇄 2013년 10월 17일
초판 10쇄 2022년 3월 28일

지은이 김상훈

편집 박은정
마케팅 강백산·강지연
디자인 EHSOO design studio
일러스트 차승민

펴낸이 이재일
펴낸곳 토토북
주소 04034 서울시 마포구 양화로11길 18 3층 (서교동, 원오빌딩)
전화 02-332-6255 | **팩스** 02-332-6286
홈페이지 www.totobook.com | **전자우편** totobooks@hanmail.net
출판등록 2002년 5월 30일 제10-2394호
ISBN 978-89-6496-163-6 43900
ⓒ 김상훈 2013